JN410281

일상을 로그인하다

문숙자의 하루들

소소리

책을 내며

어느 여름 슬그머니 찾아온 바이러스는 36년간을 나와
동거하고 사탕만한 종양은 뇌에 똬리를 튼 지 12년이다.
그들과 즐거운 나들이를 하며 산다.
가끔 나를 널브러지게도 하고 고통으로 울음을 터뜨리게도
했지만 그들에게 감사한다.

그들로 하여 낮춤을 익혔고,
그들이 존재하기에 버리는 연습을 할 수 있었다.
보이지 않던 이웃이 다사롭게 보일 수 있었으며
내 손을 필요로 하는 이에게 한 손을 내밀 줄 알게 되었다.
그들은 나의 멘토가 되었다.
그러나 부끄럽게도 틈새로 비집고 들어오는
적막과 이름 할 수 없는 반목의 날들을 숨길 수 없기에

고백하듯 이 못난 글을 내놓는다.
이것은 근래 2년 동안 밤마다 더듬듯 쓴, 천이백 편이 넘는
일상의 이야기들에서 짧은 것만을 모아 보았다.
나처럼 앓으며 그리고 행복을 꿈꾸는 이들에게
이 글을 바치고 싶다.
그리고 웅얼거리듯 뱉어낸 고뇌와 시름에 겨운 자잘한 일상을
묵묵히 읽어 주고, 팔이 아파 운신하기조차 힘든 나를 대신해서
마지막 정리까지도 해 준 J에게 고맙다는 말을 전하고 싶다.

봄, 길머리에서 문육자

2012년

우리가

2012. 1. 15.

우리가 아무것도 믿지 못해도 밤은 가고
우리가 아무것도 믿지 않아도 봄은 오는 것을.
산다는 것은 어쩌면 순응하는 몸짓 같은 것.
할 말이 지나치게 많은 날, 간추리지 못해 말을 줄이고
막막하거나 이유 없이 짜증스러울 때 말을 잘라 버리고.
산다는 것은 감정의 물결을 다스리는 작업 같은 것.

모니터 위에서의 만남

2012. 1. 16.

유행가 가사처럼 우리 동네 목욕탕이 무슨 요일에 쉬는지,
경동시장과 청량리 시장은 몇 번 버스를 타야 하는지 몰라도
전혀 불편을 모르게 하던 이를 만났다.
영화 「야성의 엘자」에서 키워서 자연으로 돌려보낸 사자가
세월이 흐른 후에 새끼를 데리고 옛날의 그곳으로 와서
물끄러미 바라보다 돌아가듯 새롭게 형성된 그의 가족을 소개하며
모니터 위에서 나를 만난다. 약이 된 시간이 파노라마 되어 흐른다.

영혼의 눈금

2012. 1. 17.

천칭저울을 준비한다. 저장된 인식과 내 영혼의 맑음을
양쪽에 얹는다.
작은 눈금인데도 내 영혼의 맑음이 껑충 위로 올라가 있다.
뇌종양 판정을 받고 수술 날짜가 잡아진 날,
작은 트럭 한 트럭분의 책들을 정리하고 패악을 부리고 울던 날,
내 영혼의 눈금은 형편없이 낮아진 것일까.
명료한 의식으로 살고 싶다고 수술을 거부하고 말았다.
'하필 내게'라고 투정하지 않기로 한다.
주님이 나를 쓰시기 위함이라고 자위했다
이미 터줏대감이 된 굳어가는 간을 십 년 전 친구로 삼아
함께 살고 있다.

눈이 내리네

2012. 1. 24.

눈이 내린다. 사랑하는 이의 잠덧 속에도 눈이 내릴까.
얼른, 꽂힌 CD 속에서 Adamo의 「눈이 내리네」를 찾는다.
눈이라는 단어가 불어에서는 여성명사인 것이 그럴 듯하다.
눈이 주는 슬프도록 흰 이미지가 밤을 채운다.
영하 10도의 거리에.
큰 슬픔으로 하얗게 깔린다.

한의 음악

2012. 1. 25.

음악이 없는 시간들을 생각할 수가 없다.
지금 내 방을 채우고 있는 비올리스트 용재 오닐, 그 청년의 한 서린 연주, 예술의 전당. 첼리스트 마이스키의 「아르페지오네」 연주는 북구의 바람소리를 듣게 했는데 용재 오닐이 비올라로 이 음악을 연주할 땐 가슴 전체가 눈물바다가 되고 만다.
한의 문학과 그 음악이 좋다. 한 많은 사람에게 마음이 간다.

남 산

2012. 1. 27.

내 머릿속은 얼마나 용량이 큰지, 도대체 얼마나 많은 방을 가지고 있는 건지, 뇌신경 실핏줄 하나하나에 저장되어 있는 기억들이 끊어지지 않는 끈으로 내재 되어 있음에 속이 상한다.
그러나 비워야지, 비워야지.
시리도록 푸른 하늘 땜에 다녀온 남산.
무장해제한 듯한 나무들과 노인의 정수리처럼 텅 빈 곳에
자리한 솔, 솔향.

나와 동거하는 끈질긴 병마들은
비우기보다 오늘을 기억하며 방을 넓힌다.

제자에게

2012. 1. 29.

돈을 많이 벌기를 원하는 제자에게 메일을 쓴다.
그의 목적이 선하니 언젠가 주님이 채워 주시리라 믿으며.
"네 20대가 설렘이었다면 50대는 환희이기를 바란다.
경제적인 고민은 버려 두어라. 주님의 뜻에 합당하다면 채워 주실
테니. 내가 가장 좋아하는 성 아우구스티누스의 말을
주보에서 최인호 작가가 인용했더구나.
'과거는 주님의 자비에 맡기고, 현재는 주님의 사랑에 맡기고,
내일은 주님의 섭리에 맡겨라'고."
찬란한 밤을 만끽하는 여유로움으로 살기를!

휘트니 휴스턴

2012. 1. 30.

휘트니 휴스턴! 영혼으로 노래하는 여자. 정직한 음성.
눈곱만한 가식이나 기교 하나 없이도
가슴에 불을 지피고 그러고는 봇물을 퍼붓는 여자.
영화 보디가드의 주제곡
「I will always love you」의 고음에서 길게 메아리치듯 뻗어가는
그녀의 천부적인 음성은 세계인의 가슴을 소름끼치게 했다.
질그릇보다 더 자유로운 모습이다.
신으로부터 받은 천부적인 음성이다.
그러나 사랑의 상실, 그 아픔을 견뎌내지 못한
세계적인 디바는 스러져가는 연기처럼 사라지고 말았다.
오늘, 차가운 밤이 그녀를 대신하여 가지 끝에서 운다.

다른 길

2012. 2. 8.

일렁이는 밤 그림자엔 당장 그 자리에 폭삭 사그라질 것 같은 나를
측은한 듯 바라보는 그와, 푸름을 잃은 그를 안타까운 눈으로 바라
보는 내가 한 폭의 그림처럼 클로즈업 된다.
그에게 내일과 젊음이 버팀목이듯, 내겐 문학이 있고
출렁이는 음악이 있으며 다시 떠나는 여행길에 함께하는
자연의 위대한 입김이 있음이 위안이다.
그리고 밤의 품속이 얼마나 아늑한지
또 치를 떨게 하는 외롬이 아프지만 그만큼 아름답다는
사실을 그도 알고 있으리라.
우린 마주앉아 서로 다른 길을 확인하고 있었다.

형벌

2012. 2. 9.

기도로도 씻어지지 않는 목마름은 형벌이다.

나의 친구

2012. 2. 10.

두물머리. 남한강과 북한강이 품을 안는 곳.
피어오르다 흩어져 버린 물안개가 바람에 젖고 있었다.
가슴엔 해일이 이는데, 진종일 강가에서,
강이 내려다보이는 카페에서 책을 읽었다.
『고독이 나를 위로한다』
강에 빠진 햇살이 눈부셨다. 아니 눈부신 빛인가 했더니
금새 먹장구름 사이로 눈발이 내려오고 있었다.
강 너머엔 켜켜이 쌓인 그리움 벗어 버린 겨울나무들.
어둠을 데리고 돌아왔다. 어둠으로 나를 감싼다.
이 밤, 차라리 퍼들기는 한 마리 새라도 된다면 좋으련만.
카푸치노 한 모금이 눈물 되어 넘어간다.
그래도 밤이, 외롬이 가장 믿을 만한 친구이다.

메일을 쓰는 밤

2012. 2. 11.

초련初戀의 몸짓으로 붉게 물든 남천나무의 잎새들.
그들은 지순至順의 눈을 들어 노래한다.
「I can't stop loving you」
감정이 소진燒盡할 때까지. 눈물겹다.
누구에겐가 밤마다 메일을 쓰는 건 내 감정이 전달되고
공유된다면 더할 나위 없는 기쁨으로
지낼 수 있으리라 생각하니까.
그 기쁨 갖고 싶어 마음 설레는, 바로 그런 것. 살아있음이여.
그리하여 미친 듯 메일을 쓴다.
그런 나를 밤은 하루도 걸러뛰지 않고 지켜주러 온다.

음악회

2012. 2. 12.

성당에서 열린 「신춘음악회」
서울예고 조성진 군의 쇼팽의 폴로네즈.
감동, 우레 같은 박수의 물결.
서울음대 성악과 출신들의 Viva 중창단.
노래를 들으며, 기억의 파편을 줍고 있었다.
내게 노래로 위안해 주던 제자들을.
잃어버린 기억들이 팔 벌리며 달려온 탓일까.
청춘에서 이어졌던 내 젊은 날의 기억들.

밤 내내 가슴에 등燈을 밝혔다.
그리고는 순례하는 어둠을 따라다녔다.

문을 열고

2012. 2. 13.

서늘하네
깊고 푸른 눈

산다는 게 뭘까.
정갈한 슬픔을 앞에 놓고
목 놓아 우는 산짐승의 울음

나보다 먼저 우는 그대,
하 말릴 길 없어 돌아서는데…
죽비소리 탁 탁
그렇게 세월을 밀치는구나.

축복

2012. 2. 14.

병원에 다녀올 수 있다는 것을 항상 축복으로 받는다.
유리알 같은 겨울하늘을 쳐다볼 수 있는 것도 행복이다.
큰 하느님과 작은 하느님이 내게 내려준 은총이다.
미사를 마치자마자 다녀온 병원. 병원은 분주했다.
나를 잠깐 저당했다 돌아왔다. 결과는 내 몫이 아니니
기다려야 한다. 주어지는 대로.
병원 뜰엔 겨울나무들이 예감도 없이 봄이 선뜻 오기를
기다리고 있었다. 내가 누군가를 기다리듯.
느지막이 돌아오는 길,
지나간 세월의 빗금들이 가등에 부서지고 있었다.

편지를 쓰며

2012. 2. 15.

욕망이다, 쉬지 않고 편지를 쓰는 것은.
내 내면을 알아달라는, 아니 가져가라는 내어줌이다.
'지울 수 있는 것은 절망이 아니다.'
'잊을 수 있는 것은 사랑이 아니다.'
벽마다 부서져 내리는 어둠 속, 거세되는 욕망들.
편지를 쓴다. 정신없이 자판을 두들긴다.
몸의 떨림이다. 영혼의 노래다.
밤이면 편지를 쓴다.
신열에 떨던 나뭇가지가 늘어지듯
달도 이지러진 밤에.

전율

2012. 2. 16.

밤에 듣는 음악,
팝(pop)은 전희前戱다. 전하고픈 황홀함.
밤에 듣는 음악은 전율이다.

수월히 살기

2012. 2. 17.

유월에 비 내리고 비 내리고
십이월에 긴 눈 내린다.
수월히 살기가 가장 수월쿠나
너무 수월하매 잠 못 드는 밤이 잦았더라.
- 황동규 「네 개의 황혼」 중에서-

그래, 수월히 살기로 하자.
봄은 바람으로 와서 바람으로 간다고 하네.
바람이 잦아들면 봄이 간다고.
봄은 언제 바람을 데리고 갈 것인가.

막스 브루흐의 「콜 니드라이」를 듣는다.
까만 밤에 나를 다독이네.
음악이 수월히 살라고 하네.

뒷모습

2012. 2. 22.

뒷모습을 보는 것은 항상 아쉬움이다.
아쉬움은 옛날이나 지금이나 마찬가지다.
안녕! 여운이 사라지기도 전에 벌써 길을 건너 달려가고 있다.
곧 인파에 묻혀 보이지 않는다.
고통과 아쉬움이 항상 함께한다.
고통보다 아쉬움이다. 기약 없는 헤어짐이다.
는개 같은 비가 내리는 밤, 뽀얀 안개 속.

폭우

2012. 2. 23.

흑인 가수들이 부르는 R&B는 빗소리다.
비에 젖는 빗소리다. 비에 눕는 빗소리다.
브라이언 맥 나이트의 「One last cry」.
소울적인 음색이 가슴을 쓸어내린다.
우레를 동반한 폭우이다.

나무

2012. 2. 24.

땅 위와 땅 밑으로 몸을 나눈 자작나무들이 수액으로,
자양분으로 어느 지점에서 해후를 하여
잎 틔워 푸른 울음을 울던 그 숲 속.
눈물 그렁하던 잎새, 잎새, 볼 비비며.
적막 속에 갇히기를, 아니 자유로워지기를 바라던 순간들.
숨죽이던, 아니 숨을 멈출 수밖에 없었던 찰나.
알몸 감추듯 수줍어하던 나무, 나무들.

오늘, 내가 바로 한 그루 나무였다.

라오스

2012. 3. 6.

폭포에 울음을 묻었던 라오스를 생각한다.
라오스, 그 시간이 정지한 나라에서.
쏭강 6킬로를 카약으로 저으며 왜 그리 허망하던지.
가난한 사람들이 모여 사는 곳, 수도를 제외하면.
유년이 생각나서 울었고, 아름다움을 나눌 수 있는 사람이 없어서,
말이 마려워 안타까웠다. 그러나 자위할 수 있는 것은
외롭다는 것은 마음 불편함보다는 낫다는 사실이다.
메콩강가에서 스님들이 나누어주던 밥을 받던 초롱초롱한
소녀를 생각하며, 가난하지만 행복해하던 라오스로
밤바람처럼 내가 달려간다.

일상과 일탈

2012. 3. 7.

일상이 주는 리드미컬한 단순함.
일탈이 주는 감미로운 흥분.

그 속에서도 자라는
……말줄임표로 대신하는 사랑.

생각나는 사람

2012. 3. 10.

처음 먹어 보는 맛있는 음식,
그 음식을 먹으며 가장 먼저 생각나는 사람.
그 맛을 혀끝에서 음미하고 싶을 때,
입안에서 작은 소리 내며 부르는 사람.
공유하고 싶은, 그런 사람이 바로 사랑하는 사람이라고.
「Dragon hill lodge」에서 Filet mignon 스테이크를 먹으며….

바람

2012. 3. 11.

결코 쉽게 물러갈 기세는 아니었다. 추위의 끝자락은.
꽃샘바람으로라도 휘젓고 가고 싶었겠지.
꽃망울이 자지러지게 놀라더니 눈을 감아 버렸다.
종일 바람이었다.

소설 연습

2012. 3. 15.

딩동.
가끔은 머릿속에서 소설을 쓰지.
"내 손가락으로 성긴 그대 머리를 빗질하고 싶었던 순간들이며
가슴에 얼굴을 묻고 잠들고 싶었던 찰나의 기억을 애무합니다."
딩동.

기다림. 1

2012. 3. 17.

바래져가는 기억들, 그 가운데 살아있는 선홍의 기억 한 자락이
가끔은 희망으로, 절망으로 나를 흔들고 있네. 그건 기다림이다.
'우리는 왜 기다리는 걸까. 기다림의 기다림을 기다리기'
일생이 기다림이라는 느낌조차 든다.

기다림. 2

2012. 3. 18.

독서 노트를 편다.
프랑스 철학자의 글, 발췌했네.
'사랑이란 네가 죽는 것을 내가 원치 않는 것'
아마 책을 읽을 당시에 가슴에 와 닿았겠지. 지금 노트를 보아도
역시 그러하네.
시공을 달리하지 않는, 그래서 기다림이 절망이지 않을 수 있는
기다림을 우리는 기다리고 있는 것이 아닐까.

음악을 들으며

2012. 3. 19.

기억의 저편에서 숨 쉬는 오랜 Pop을 들으며 이 글을 쓴다.
'Once there was a love , Once there was a love, Once there was a love….'
누군가에게 그렇게 외치고 싶네, 억만 번을.
호세 펠리아치노, 이 가수는 눈이 먼 게 한이나 된 듯
왜 이리 애절히 부른다니?
글로 씌어진 이야기와 쓰이지 못한 수많은 말들을
헤아릴 수 있다면 좋으련만.
푸른 새여, 아프락사스여, 알을 까고 나와 훨훨 날아라.
살아있는 모든 것에게 사랑을 보내자.

발송취소

2012. 3. 20.

며칠을 긴 메일을 썼다가는 지우는 작업을 한다.
'보내기'와 '발송취소'의 연거푼 엔터.
감정이 지나치게 노출 되어 부끄러워 거두어들이기로 한다.
붉은 글씨로 남아 있는 '발송취소'가 버린 자식처럼
마음 아플 때도 있다. 생살 내비친 감정의 버림이다.

불안

2012. 3. 21.

불안하네. 곰곰 이유가 무엇일까 생각하니
요즘 새 책을 읽지 못하고 있다는 사실을 깨닫는다.
네가 언제 메일에서 그랬던가, 가진 재능만 파먹고 살았다고.
내가 지금 그런 생각을 하고 있다.
언어의 고갈, 감성의 고갈, 내가 알고 있는 지식의 한계.
그런 날이 올 것 같은 두려움으로 글을 쓰는 것조차 망설여왔다.
'연금술사가 되어야 하는데' 하는 무모한 생각을 했다.

기피증

2012. 3. 22.

분명 대인기피증 환자인 것 같다.
감당할 수 있는 사람의 수는 두 사람 정도이다.
어른이든 아이든 학생인 경우는 얼마든지 많아도 괜찮은데…
어디든 가면 '왜 혼자 오셨어요?'라는 질문을 받는다.
난감해지는 질문이다. 둘러보아도 아무도 없는데
누구랑 짝을 짓나. 짝 짓기를 잘하지 못한다.
오늘도 역시 마찬 가지였다.
이렇게 '왜'라는 질문은 항상 난감하다.
앞자리에 앉아본 적이 없고 성가가 끝나고 나와 본 적이 없다.
신부님이냐고 놀리는 사람도 있었다. 신부님과 더불어 퇴장한다고.
꼬박꼬박 미사 왔다고 인사하는 것이 좀 그렇다.
한마디로 못났다.

글래스콕의 노래 들으며

2012. 3. 23.

네가 「Centaur*」를 알고 있구나. 가사가 구성져 슬프고,
전설의 이야기가 슬픔을 더하고,
애절한 목소리가 가슴을 긁어 전율이 온몸에
작은 물살처럼 퍼지는 노래.
「The saddest thing」을 부른 사프카는 오래전에
내가 글을 쓴 적도 있었지만
글래스콕은 이 노래 외에 아는 노래가 없어서…
사프카보다 오히려 더 가슴 저미는데.
네가 알고 있구나.

꼭 이방인들 사이에서 묵주기도를 하고 있는 사람을 만난
기분이네. 뺨에 전율이 이네.
이렇게 멋진 노래를 듣는 밤, 밤이 짧아 눈 아린.

*반인반마半人半馬의 형상을 한 캔타우로스(centaurus)의 비극적인 사랑을 담은 노래.

바겐세일

2012. 3. 24.

한 평의 농지도 없는 나는 만 평의 우울과 절망을 갖고 있습니다.
결코 나쁜 것은 아닙니다.
거기엔 사계가 아름답게 펄럭이기도 하지만 문을 닫아걸어 두었기에
모르고 지낼 뿐입니다. 그것뿐이 아니죠. 더 좋고 화창한 날만
기다릴 뿐 걱정은 없습니다.
그런데 왜 팔려고 갖고 나왔느냐구요?
제 몸뚱어리가 너무 작아 경작하기가 버거워서 갖고 나왔습니다.
오늘의 구름은 수채화입니다.
그 수채화에 플래카드라도 걸어야 할까요?
봄의 길목, 저 다사로운 햇살을 보세요. 해바라기하듯
절망의 보따리가 얼굴을 내밉니다. 우울도 오늘은 꼭 주인이
바뀌리라 생각하는지 꽤 심각한 얼굴입니다. 조금은 아쉬워하네요.
내가 바겐세일을 외치니 자기네 몸값이 추락한 것 같은
느낌이 드나봅니다.
닭 한 마리에 한정 판매 990원이라고 하네요.
그래도 닭보다야 좀 높게 쳐주어야 하지 않을까요?

얘네들은 주인의 감정도, 문학의 언어도, 불면의 밤이 주었던 많은 이야기들도 품고 있으니까요.
그 속을 캐어낸다면 갑부가 될 수도 있겠지요.
빨리 팔고 숫자놀이를 해야 합니다. 펼쳐 놓았기 때문입니다.
알아서 주세요.
단, 반품도, AS도 안 됩니다.

빗소리

2012. 3. 26.

빗소리가 가장 잘 들리게 투명한
비닐우산을 쓰고 집을 나섰다. 하늘이 보이고 전깃줄도 보였다.
투명한 비닐 사이로 내려앉은 회색 하늘.
빗소리가 아니라 우박이 떨어지는 소리였다.
따닥따닥, 눈이 되지 못해 서럽게 우는 소리 같기도 했다.
그날 날아온 메일에,
'빗소리가 증폭되어'라고 쓰고 있었다.
'증폭'이라는 말이 좋았다. 비닐우산에서 느껴지던 그 소리.
마음의 울림도 증폭되는 것일까.

힘의 근원

2012. 3. 28.

날아온 「Oh happy day」는 스파이크다.
그건 지금의 나에게 가장 큰, 알맞은 선물이기 때문이다.
우피 골드버그, 용기며 희망이었던 그녀.
그들의 흥겨운 어깨. 걱정 반, 호기심 반으로 구경하던 사람들을
일어서게 하던 장면들.
가슴이 후련해서 울었고, 가슴이 짠해서 울었던 영화.
정말 기분 좋다. 후련하다. 때맞추어 보내 주었네.
이 영화도 15년은 넘은 것 같네.
힘이 빠져 있는 날,
「Oh happy day」의 신나는 리듬이, 오버랩 되는 우피 골드버그의
얼굴이 나를 힘나게 해서 글을 쓴다. 순전히 그 힘이다.

Sleepless in Seattle

2012. 3. 29.

벌써 19년 전의 영화가 되었네.
「시애틀의 잠 못 이루는 밤」
이 영화의 처음 시작하는 화면에서 제일 먼저 느낀 것은
제목을 우리말로 옮겼을 때의 아름다움.
밋밋한 영어가 우리말로 반짝이며 영화의 내용을
내레이션 하고 있는 것 같았네.
톰 행크스와 맥 라이언.
잠을 이루지 못하는 사람들을,
이해하지 못하는 당신은
어떤 면에서 행복한 사람이겠지요.
건강하다는 하나의 청신호이기 때문이니까요.

로망스

2012. 3. 30.

머릿속이 하얗게 된다 해도, 점점 기억의 편린까지도
없어진다 해도 믿고 싶은 것은 '내일'이라는 단어다.
종일 회색빛으로 바장이었지만
내일은 또 다른 태양이 비추리라.
태양, 그렇다. 태양이다.
스페인에서 쏟아지는 태양을 어깨에 얹고 기타에 설움을 담던
거리의 악사.
그와 나는 서로 눈으로, 웃음으로 이야기를 나누었고
그가 조잡하게 만든 CD를 한 장 샀지. 나를 보는 듯한 황량함.
로망스를 듣는 밤. '내일'을 믿으며.

빗속, 떠나다

2012. 4. 4.

내려앉은 하늘. 창밖엔 포말같은 비의 리듬.
물수제비 모양으로 고속도로에 내리는 빗줄기.
이 자유로움! 가슴을 연다. 차는 리듬을 탄다.
7시 10분 부안행. 비가 제법 내리고 있었다.
남도로 내려가자 매화는 만개.
바람에 만개한 매화는 이미 뒷모습을 보이며 떠나가고 있었다.

…격정을 인내한 나의 사랑은 지고 있다…

비는 차츰 숨소리를 고르기 시작하고…
바다가 따라오고 있었다.
세찬 바람에 포말은 포효하는 짐승이 되어 날뛰는데
비는 가볍게 입맞춤해 주고,
내 우울은 색깔이 차츰 엷어지고 있었다.

식물

2012. 4. 5.

지금도 꿈꾼다, 숲 해설가를. 김용규라는 멋진 숲 해설가를 찾아 충북 괴산으로 갈 것을 자주 생각한다. 숲이란 얼마나 멋진 곳인지. 하느님은 식물에게 두 가지를 주셨는데 움직일 수 없는 형벌과, 스스로 밥을 만들 수 있는 선물을 함께 주셨다.
식물의 광합성 작용, 자양분과 물을 길어 올리는 그 힘! 그 인내.
식물의 세계는 신비다.

부활절 기도

2012. 4. 10.

주님, 오늘 하루, 잠깐만이라도 많은 사람들이 저를 위해 기도해 주기를 바라는 욕심을 용서해 주세요.
저도 많은 사람을 위해 종일 기도하는 인내를 주시구요.
당신의 부활절이니까요.
닫힌 집에 잠든 사람들도 모두 깨어나게 하세요.
나와서 부활 축하의 메일 한 줄이라도 남기고 들어가면 안 될까요?
그들에게 잠깐의 외출을 종용해 주시면 안 될까요?

비 오는 날

2012. 4. 11.

머리를 자르고 비닐우산 위로 떨어지는 빗소리를 안고 걷다.

종일 마음 불편한 사람들은 퇴근해서 포도주 한 잔,
비가 들려주는 소리를 들으며 즐거웠던 시간들 골라내기.
그리고 미소 짓기.
이것저것 따지지 않고 마냥 좋기만 한 날도 있었다고
추억하기.

비님이 오셔서 가슴이 모두 젖었다고 가까운 사람에게
말려 달라고 하기.
외롬이 가시리.
그렇게 숨 쉴 수 있는 사람 눈물나게 부러워하며….

아침을 연다

2012. 4. 14.

늦게 온 응달의 꽃소식. 귀가 머언 사랑처럼.

이런 얘기로 아침을 열고 싶다.
피에로 쌍소, 느리게 산다는 것의 의미

…나는 걷는다. 그리고 각 부분들의 근육들은 서로 불평하지 않고.
이해와 용서를 통해 조화롭게 움직인다. 내가 머리를 저쪽으로
돌린다 해서 내 몸이 나를 원망하는 법도 없고,
나 역시 어느 날 내 몸이 게으름을 부린다 해도 화를 내지 않고
쉽게 용서한다. 내 몸은 아무리 힘이 들어도 자신의 변덕과
까다로운 요구로 나를 괴롭히지 않는다. 나는 숨을 쉰다.
그것은 생물학적인 숙명 때문만은 아니고,
세상을 들이마시는 것이 즐겁기 때문이다.…

첫사랑

2012. 4. 15.

첫사랑은 해피엔딩이 되기엔 억겁 같은 인연이 있어야 하니
해피엔딩일 수 없는 숙명 같은 것.
가슴에 아픈 자리 하나 마련해 주는 것.
그것을 평생 안고 사는 사람도 있고,
씻은 듯 잊고 사는 사람도 있지.
그렇게, 그렇게. 홍역의 상처.

사금파리처럼 가슴을 찔러도 가슴 밖으로 내놓고 싶지 않은 그런…
햇살에 눈물 그렁그렁 색실 같은 아름다운 아픔.

대학로에서

2012. 4. 16.

정기적인 검사일.
병원 천장엔 혈액을 나르는 기구가 날 내려다보더군.
"당신 피는 아무 데도 쓸모가 없네요. 여섯 대롱이지만
어디에 씁니까."
피식 웃었다.
병원에서 나와 스타벅스 마로니에점에서
카페라떼 한 잔으로 아침.
마로니에 공원은 정비 중.
내게 별리만을 안겨 주었던 '학림'다방은 아직 셔터 내려진
그대로.
LP판이 아침을 지키고 있겠지.

라일락이 이름처럼 고운 자태로.
4월은 그렇게 흐르고 있네.

큰 희망 걸지 않기

2012. 4. 18.

손안에 쥐어지던 편안함.
풀빛으로 지나가는 바람도 추억의 나이테가 될까.
봄밤의 선물은 화려한 카니발.
적은 일에 마음 다치고 작은 일에 가슴 멍멍해 눈물 흘리는.
욱신욱신 쑤셔오던 그리움이 차라리 부끄러움으로 남겨지고.

이해되지 않는 걸 받아들이는 것이 믿음이고 사랑이라고.
의문도 해석도 필요 없는 거라고…

애무하는 봄바람에 몸을 맡겨 버리고
뒤돌아보지 않기.
큰 희망 걸지 않기.

목련

2012. 4. 21.

비님이 오시네. 창 밖, 목련이 비에 젖는다.
내 방 앞에 목련이 그림자를 드리운다.
아직 완전히 벙글지는 못했다.
꽃들이 탁탁 개화의 소리를 팝콘처럼 낼 때도
응달에서 기 죽은 듯 있더니 이제 잠을 깬 듯하다.
그 위에 다시 비가 내린다.

자운영

2012. 4. 25.

생각대로 밝은 태양이 떠올랐다.
오늘 복음 묵상 중에 '자운영꽃'에 대한 이야기가 나왔다.
그 예쁜 꽃은 거름으로 쓰인단다.
마른 논에서 잘 자라는 보랏빛의 이 꽃은 뿌리혹이 발달해 있어
질소동화작용이 뛰어나며 그러기에 엎어버리면 거름이 된다고.
꽃이 무슨 말을 하겠냐마는 작은 희생이다.

벤게로프

2012. 5. 1.

예술의 전당. 5월 초하루.
밤바람이 기분 좋게 볼을 건드리는 저녁이었다.
'막심 벤게로프 리사이틀'
러시아의 바이올리니스트. 16세에 국제바이올린 대회를 휩쓸면서
주목을 받았던 사람.
벤게로프의 오늘 연주곡,
바흐의 「파르티타」 제2번, 헨델의 바이올린 소나타 제4번,
베토벤의 바이올린 소나타 9번 「크로이처」.
아마 헌정되는 이의 이름이 붙은
소나타의 유일한 작품으로 알고 있는데…
베토벤이 바이올리니스트였던 크로이처에게 헌정한 곡이니.
커튼콜로 연주한 곡은 브람스의 「헝가리 무곡」.
그리고 바이올린소나타 1번의 1악장.

클래식은 역시 먹지 않아도 배부른 영혼의 양식이다.

관 계

2012. 5. 2.

나의 철학! 서로의 일상적인 관계에서는 나쁜 사람은 없고
나와 맞지 않은 사람만 있을 뿐이라고. 그러나 그 관계는
서로에게 가시가 될 수 있다는 것.

찻집 문향

2012. 5. 3.

요즘은 구름이 환상적으로 곱다.
오늘은 망원렌즈로 구름을 찍어 보았다.
모란이, 김영랑의 모란이 지천인 날,
수지의 광교산 아래 '문향'이라는 전통찻집에서 하루를 보냈다.
내 마중물 같았던 서 선생이 죽기 전,
글을 쓰는 곳으로 가장 적합한 집이라고
대중교통 길까지 가르쳐 주고 갔다.
이 여잔 죽어서도 내 걱정 하고 있는지 모르겠다.
이미 봄은 열사의 여름에게 비켜줄 준비를 하고 있는데…

수채화

2012. 5. 4.

가슴에 찰방이는 눈물 같은 것.
멀리서 걸어오는 젊은이의 맑은 얼굴이
바로 내가 기다리는 얼굴인 것 같아
깜짝 놀라기도 하면서.
지나가면 모두 아름다운 한 폭의 수채화.
지금의 내 얼굴을 잊은 어느 오후였다.

커피 내리기

2012. 5. 5.

사이펀으로 내린 커피 한 잔.
혼자 마시기 위해 부산을 떨고.
마주 앉은 사람이 없으면 어떠랴.
생각나는 사람이 있다는 것으로 행복해 하기.

버리지 못하는

2012. 5. 6.

문학이라는 병! 심연 같은 것. 아플 줄 알면서도 사랑을 하듯,
덮어버리면 될 것을, 그러지 못하는. 그것만이 구원이니까.
추운 외로움에서 견디는 힘인 걸.

아주아주 오래 된 릴케의 『文學을 志望하는 靑年에게』를 읽는다.
가슴이 따뜻해온다.

봄 밤

2012. 5. 7.

한 번씩 앓을 때마다 멸망하지 않는 죽음의 그림자와 마주하지만
긴 터널 뒤에 있을 사랑과 환희의 끈을 잡고 싶은 것도 밤이다.

말문이 막히고 억억거리며 설움만 남던 시간들을
흘려보내고 싶은 봄밤이다.
볼을 붉힌다.

계영배처럼

2012. 5. 12.

임상옥 거상을 알고 있으리라. 그렇다면 계영배戒盈杯도 알리라.
계영배를 곁에 두고 끝없는 욕심을 다스렸다고 하지.
금산에 가서 이 계영배에 인삼주를 한 잔 받으며 실험을 했지.
한 잔을 가득 채우면 술이 하나도 남지 않고 아래로 흘러내리고
70%쯤 채우면 찰방이며 술은 그대로 있다는 사실을.
과유불급過猶不及.
인생이란 그런 것. 그 정도에서 만족해야 한다고 하더군.

주님의 손

2012. 5. 14.

없으면 채워 주시고 아무도 도와주는 사람이 없으면
힘이 되어 주시고, 눈물로 지새면 눈물을 닦아 주시지만,
인간이기에 주님의 손길보다 변화무쌍한 인간에게
더 기대고 있음을.
오늘 밤 주님에게 용서를 빌고 싶다.

알람시계

2012. 5. 26.

풍물시장에서 조그만 알람 시계를 샀다.
길거리에 앉아 메일 보낸다.
여행가면 그곳의 시각으로 바꾸어 놓고 편히 쉬려고.
아기 태어나기 전 너무 일찍 기저귀 준비하면 사산한다고 하던가?
여행으로 들뜬 날에.

사이펀 커피기

2012. 5. 30.

하리오 사이펀 커피기! 깨진 커피기를 걱정했더니 그게 날아왔다.
사이펀 커피기로 내려오는 커피를 바라보는 것만으로도
시를 읽는 기분이다.
출렁이는 바다가 있고 겹쳐지는 얼굴이 있다.
답신도 할 수가 없었다. 그러나 백지로 가는 언어가
마음을 어찌 전달하겠나 싶어 메일의 문을 열었지만
부지런히 쓴 말은, '고맙다'는 세 음절.
가슴으로 가서 안기기를 빌 뿐이다.

56 · 5월

약해지지 마

2012. 5. 31.

시바타 도요, 1911년 생. 90세부터 시를 쓰기 시작해서
우리나라 나이로 100세, 만 99세 때(2010년) 시집을 출간.
시집의 이름은 『약해지지 마(くじけないで)』.
아주 짧고 쉬운 일상의 언어들이고 진솔하지.
그중 한 편을 보면,

잊는다는 것
나이를 먹을 때마다
여러 가지 것들을
잊어가는 것 같은
기분이 들어
사람 이름
여러 단어
수많은 추억
그걸 외롭다고
여기지 않게 된 건
왜일까
잊어가는 것의 행복
잊어가는 것에 대한 포기

버리기에 익숙해지면 행복이 그 자리 채움을!

무례와 결례

2012. 6. 2.

결례! "우린 왜 사랑을 하지 못했을까요?" 하고 물었다.
대답 왈, "쬐끄만 가시나가 악수를 하자 했더니 악수를 하고 나서
손수건을 끄집어내더니 내 보는 앞에서 손바닥을 싹싹 닦더라.
기분이 나빴지만 참았지."였다. 분명 결례였다.
생각나지 않는 결례였다. 그 상황으로는 그러지 말아야 했다.
살아오면서 얼마나 많은 무례와 결례를 저질렀을까.

산으로 띄우는 글

2012. 6. 3.

올라갈수록 새로워질까.
디딜수록 맑아질까.
몸을 풀고 누운 바다도, 강도 보이지 않는 건 아닐까.
느림보도 초대 받는 산이었으면 하네.
산에 올라서면 외인군단 같은 도회의 풍경이 불빛처럼 올까.
마음이 따스해질까.
따라 오르는 내 그림자 보일까.

현상에 대하여

2012. 6. 4.

귀가 울린다. 얼마 남지 않은 치아조차도 시원치 않다.
없는 대로 살아야지.
사랑을 몰라 사랑니조차 나지 않더니 웃자란 아픔으로
속을 썩인다.
가끔은 눈앞에서 날아다니는 나비도 본다.
병이 아니다. 현상이다.
많이 살았다는 증명의 현상이다.

춤

2012. 6. 5.

이집트에서였지. 나일강의 밤. 불빛 아래의 강은, 밤은,
눈물이 아니던가.
유람선을 타고 손 저으며 떠날 때 무희들은 밸리댄스로 눈을
떨리게 했지. 그 무희들은 3급에 속한다고.
1급은 뱃살이 더 있어야 한다는 소리에 많이 웃었다.

살이 적을수록 경련 같은 흔들림이 덜하기에 급수가 낮아진다고.
사정없이 흔들던 무희가 생각난다.
Aventura의 노래에서 춤추는 무희가 그려짐은 왜일까, 알 수 없네.
노래와 춤, 하기야 평생 손가락 하나 흔들어본 적 없는 내가
춤이라니. 그러나 밤바람에 배를 타고 흩날리는 내 머리카락의
냄새를 맡은 날은 춤을 추고 싶었지.

휴일의 선물

2012. 6. 6.

뼈를 도려내는 아픔 같은 외로움은 휴일이 주는 선물인지도
모르겠다. 간략한 언어가 내포하는 충분한 내용. 그러한 낱말을
찾지 못하는 우둔함으로 안절부절못하는 것도 휴일이다.
바라다 보이는 산은 푸름의 육질肉質로 채워지고 있는데 보이는
풍경은 김훈 작가의 글처럼 진정 상처뿐일까,
진정 상처로 채워진 것일까.

기다리는 7월

2012. 6. 7.

아아, 돌아올 7월은 찬란하다. 월요일(11일)엔 프랑크푸르트 방송교향악단의 콘서트가 있어 가게 되지만 7월엔 패기에 찬 젊은이들의 연주를 만나게 되기에 가슴 설렌다.

'백야'라는 이름이 붙은 앙상블.

리처드 용재 오닐, 스테판 피 재키브, 지용, 마이클 니콜라스 등 모두 한 몫 하는 젊은이들이다.

'백야'라는 이름에서 알 수 있듯 러시아의 클래식이려니.

그리고 세 번의 서울대 병원(병원에 갈 수 있음도 축복이다).

7월은 그렇게 세월을 누비고는 성하盛夏를 맞겠지.

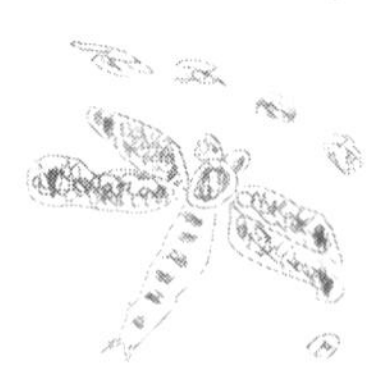

선인장

2012. 6. 8.

고등학교 2학년 때였지. 그 녀석은 1학년.
여름 방학이었는데 저녁 무렵 우리 집으로 선인장 화분을 들고 낑낑거리며 왔더군.
100년에 한 번 피는 선인장에 꽃이 피었다고, 곧 시들 것 같다고, 사진을 찍어 두었지만 실제의 모습을 보여 주고 싶어 들고 왔다고.
그 뒤로 100년에 한 번 피는 선인장의 종류가 있는지 없는지 알아 본 적이 없다.
예쁜 꽃이었고 그 뒤에 인화된 사진을 받았는데 추억의 저편에만 살아 있네. 미국 어느 귀퉁이에 살고 있는지 알 수가 없네.
가기 전 '학림'에서 만난 것이 마지막이었으니.

과거는 미래를 낳는 산실이 되고 언어의 저장고이니.

버리기

2012. 6. 9.

「거위의 꿈」이 흐른다. 오늘은 이상하게 날지 못하는
거위의 무거운 꿈이 느껴지네.
영원히 날 수 없는, 희망이 없는 거위의 꿈같기만 하네.

나이가 들어가면서 마음이 넓어지는 것 같다고 느끼는 것은
그만큼 배려가 깊어지고 마음을 내려놓기 때문이 아니라
어쩔 수 없이 모든 면에서 점점 무기력해지기 때문에
포기하는 것이 아닐까. 내려놓음이 아니라 한마디로 포기다.
물론 포기에도 용기는 필요하다.
그 용기는 아름다움일 수도 있다.

유키 구라모토

2012. 6. 10.

시작이 반이라고 하지. 유키 구라모토의 피아노 소리를 들으며
글을 쓰는데 왜 그리 눈물이 나는지.
유키 구라모토, 아마 공대 출신이지, 찾아보면 알 수 있겠지만.
섬세한 그의 터치. 비애를 획득하는 모순 같은 것.
글쓰기를 끝내고 새날에 미룬다. 서럽도록 곱네.
오늘따라. 그 선율이.

내 작품 노트를 뒤진다.

> …어찌 보면 산다는 것 자체가 버리기도 하고 버려지기도 하는 것인지 모르겠습니다.
> 버려졌지만 텃밭 가꾸듯 자신을 건사하며 오랜 세월을 기진하지 않고 살아온 그들은 나누는 이야기들이 바람에라도 실려 갈까봐 소곤거리며 서로에게 악수를 청하고 축배를 듭니다….

사슬

2012. 6. 11.

이렇게 쫓겨서 작품을 쓰기도 처음이네.
일부러 내가 만든 사슬이었다.
아예 작품도 쓰지 않고는 선생님과의 약속을 잡았다.
나를 일 속에 가두고 싶었기 때문이었다. 그런데 그게
단순노동이거나 스케줄에 따라 이루어지는 것이 아니니
그날부터 씨름이었다. 안일함에 빠지는 내가 싫었기 때문이었다.
가끔 자신을 혹사시키기도 한다.
구름이 바람 따라 움직이고, 무장한 병사들처럼 여름이 성큼성큼
걸어 들어오자 자꾸 작아지는 내가 두려웠다.
사람 얼굴에서 산문을 찾고 자연에서 운율을 찾기도 했다.
청계천에서, 남산에서, 그리고 종로나 을지로,
남대문에서 세상살이를 읽었다.
어젠 파마도 했고, 화원에 가서 모르는 꽃나무 이름도 알게 되었다.
거기서도 잘 몰라 서로서로 묻곤 했지만.
한참 그렇게 미친 듯 다니고 나서 글을 쓴다. 샘물이 흐른다.
제목은 「그들의 향연」이다. 버려진 것들이 펼치는 향연이다.
찢겨진 마음에 새살이 돋는 이야기다.

우렁각시

2012. 6. 12.

내 방에 선풍기가 놓인 것이 24년만이네.
풀어서 간단한 조립을 거쳐 미풍 같은 바람을 네 입김인 양,
그렇게. 아침에 왜 널 우렁각시라고 생각했을까,
그런데 힘들 때, 불가능할 때 '뚝딱' 나도 모르는 새에
다 해 두고 항아리 속에 숨을 것 같기 때문이었단다.
그리고 우렁각시라는 말이 적합하다고 종일 생각했다.
만화영화라든가 만화에 등장하는 힘 있는 남자는 떠오르지 않더군.
이 순간도 마찬가지고.
그런데 요술방망이를 휘두르듯 이렇게… 놀란 가슴 멎을까 걱정.

퍼 온 글

2012. 6. 13.

휴대전화에 메일이 뜨는데
퍼 온 글이라고 소개.

알고 있지만 다시 써 본다.

53세, 누구도 터프 가이라는 말을 해 주지 않는 나이
65세, 긴 편지는 꼭 두 번쯤 읽어야 이해가 가는 나이
87세, 유령을 봐도 놀라지 않는 나이
93세, 한국말도 통역을 해주는 사람이 필요한 나이
99세, 가끔 하느님과도 싸울 수 있는 나이
100세, 인생의 과제를 다 하고 그냥 노는 나이

참 꿈같은 얘기네.

청주에서

2012. 6. 27.

오늘의 청주는 내게 소읍으로 온다. 여름은 무심히 지나가고 있다. 뿌연 하늘, 자전거 페달을 밟는 노인이 그림처럼 앞을 지나간다. 순애보도, 사랑도 아닌 메일의 행진. 우린 그런 행진 속에 살아 있는 시간들을 잠식하고 있다.
젊은이들에게서 피어나는 푸름이 부럽지 않음은 그들은 앓아야 할 것이며 그렇지 않으면 영원히 미아처럼 헤맬 것이기 때문이다.
이런 기다림처럼.

꿈

2012. 6. 28.

나는 보고 있다네.
나를 위해 집을 장식하고 있을 사람을.
양지 바른 곳으로 마음 향하게 하고
추억의 조각들 모으게 커다란 앉은뱅이책상 놓을 자리며
사이펀 커피기 놓일 자리를 부엌에 마련하네.
그리움 꽂을 플러그.
하늘이 보이는 완벽한 서재.
추위에 떠는 나를 위해 흔들의자에 무릎덮개도 놓였네.
음악이 듣고 싶으면 들르라 일러 주게.
지금은 우전으로 목 축일 시간.
메일의 길이보다 더 많이 숨어 있는 이야기들.
읽으려나.
꿈속으로 찾아가 전하는 한마디 말,
안녕.

아픔

2012. 6. 29.

이렇게 아플 수도 있구나,
이렇게 불안할 수도 있구나,
그렇게 보낸 하루였다.

나의 식사

2012. 7. 2.

나를 위한 식사 준비.
양배추 썰어 엑스트라 버진 올리브유와 발사믹 식초로 버무리고
15곡 혼합곡 한 술 밥, 재첩국 반 대접.
어제 시장을 다녀왔기에 더 신선한 것 같네.
커피 한 잔의 여유, 한 잔의 휴식.

흑인이 내는 소리

2012. 7. 5.

흑인이 내는 소리는 어찌 저렇게
금방 알 수 있을까. 그들의 Soul, 그 음색.
그 비련 같은 것. 절절한 사랑 같은 것.
…If I ain't got you …Nothing in this whole wide world don't mean a thing…(내가 당신을 갖지 못한다면 이 세상 아무 것도 의미가 없다)
그런 의미로 살 수 있다면 그것 또한 행복이리니.

한유로운 오후

2012. 7. 7.

남산은 개울물이 흐르고(인공적인 것이라 말도 많고 탈도 많지만) 녹음이 우거져 산책로의 30m 가량만 작열하는 태양을 어깨에 얹으면 된다.
녹음의 정도는 매미 울음으로 느낀다.
아직은 새끼 소리다.
폭포처럼 쏟아지면 녹음방초의 절정이다.
남산 산책로의 마지막은 조지훈 시비의 '파초우'에서.

후회

2012. 7. 8.

후회조차도 아름다운 꽃으로 환생시킬 수 있는 능력이 내게 있을까.
골방에 여름밤의 열기가 넘치네.

병문안

2012. 7. 9.

이은희 선생님은 분당 서울대 병원에서 1차 항암치료를 받은 상태였어. 딸은 모르고 있었지만.
직장암, 대장암, 임파암, 난소암, 자궁암… 전부 매달고 있는 환자에게 내가 할 수 있는 말,
"선생님, 몸이 따뜻하면 암이 물러간대요. 선생님은 무척 따뜻해요. 저는 뱀처럼 차요. 나을 수 있어요."
고작 이 말. 돌아오는 길이 저승 가는 길 같기만 하더군.
비가 내리고 있었어.

쿨 젤 매트 받은 날

2012. 7. 12.

예술의 전당 뒤로 올라가면 산이 푸르다. 산책로다.
제법 걸었다. 졸린 듯 걷는데 이게 웬일인가.
눈앞이 아슴아슴, 푸른 잔디가 펼쳐진 곳에 돗자리를 깔고 그가
누워 있지 않은가. 눈을 비볐다. 없어지더군. 곧 다시 보였다.
흰 속살의 가슴을 반쯤 보이게 하고는 푸른 이불을 덮고 돗자리에
그대로 누워 있었다. 초록의 옷을 얌전히 입은 나는 그 곁에
말없이 앉아 있고… 눈을 비볐다. 얼른 내려와 에스프레소 한 잔.
환영은 없어졌다.
해괴함이여! 별일 없느냐고 메시지를 보내고 걸음을 서둘렀다.
집에 도착하니 요상한 물건이 와 있었다. 쿨 젤 매트.
앉은뱅이책상에 컴퓨터가 있으니 매트 깔고 컴퓨터 사용하기는
십상이다. 파란 젤 매트! 그가 덮었던 이불이었다.

흐르네

2012. 7. 13

나는 어디에?
어리석은 질문을 스스로에게 던지고는 흐르는 시간에 나를 맡기네.
귀를 스치는 「I've been away too long」
내가 멀리 있구나. 강 건너 그가 가고 있구나.
음악이 흐르는데 더 멀리 내가 떠내려가네.

잔병들의 행진

2012. 7. 17.

오늘 오전을 병원에서 간 초음파검사로 보낼 텐데 결과에 대한 두려움은 젖혀두고 여행을 그리고 있다. 어제 치과에서 치료 좀 잘 받아야 한다는 소리도 귀 밖으로 넘겼다.
매달린 무거운 병들로 인해 소소하게 나를 침범해오는 녀석들을 수월히 넘긴 게 너무 많아 시위하듯 하나씩 반기를 든다.
모른 체 영원한 보헤미안이 되어 햇살이 눈부시게 떨어지는 낯선 곳으로 떠나는 꿈을 꾼다.
Harry Belafonte의 「Jamaica farewell」을 남겨 두고.

여름을 보내며

2012. 7. 25.

매미소리가 소나기다. 배롱나무가 붉게 물들었다.
간지럼 타는 나무, 그대, 배롱나무가 간지럼을 얼마나 타는지 아는가.
담양 '명옥헌'엔 해마다 8월이 되면 갔는데 올핸 7월인데 벌써 서울에도 배롱나무에 달린 꽃들이 결별을 서두르고 있네.
우포늪 가시연꽃도 일찍 피려나. 이번 여름은 덥기도 하지만 그 변화가 숨 가쁘기만 하네.
은사시나무가 볕을 품고 있는 우포늪으로 가야겠네.
여름도 속절없이 가고 있네.

가마솥더위

2012. 7. 26.

가마솥더위라고 모니터에 흐르네.

골방은 낮에도 불을 켜야 하는 단점이 있다. 덥다는 말보다 찐다는 말이 어울릴까.

작년엔 여름에 작품도 꽤 썼는데 올핸 웬일이지?

내가 사람 꼴을 갖춘 것일까.

더위를 모르던 내가 무척 덥다고 느낀다. 선물로 받은 선풍기가 이렇게 유용할 줄은 몰랐다. 얘는 데시벨이 좀 되리라.

그래도 밤을 잊은 우리 동네 매미들의 절규에는 미치지 못한다.

그런 단점도 덮어주네. 가마솥더위가.

낙엽 떨어지는 소리는 10 dB.

술 권하는 밤

2012. 7. 27.

술은 열기를 더하지만 오늘 밤 마시고 싶네. 마음뿐이지.
금주. 단주.
독일 여행 때 하이네의 생가를 찾아 뒤셀도르프를 헤매었다네.
내가 주소까지도 가지고 있었는데 찾을 수가 없었지
도대체 이 부근인데, 주소도 맞는데…
그 생가가 맥주집이라니. 생각지도 못했지. 길에서 뚱뚱한
남자들이 맥주를 마시며 춤을 추다가 우리 여섯의 손을 잡고 같이
빙글빙글 도는데 하얀 맥주 집 문에 깨알만한 글씨,
「하인리히 하이네」가 보일 때의 감격.
'하이네, 하이네!' 하며 부르짖었다네.
유태계 독일인 서정시인. 그날 마신 맥주는 알트 비어.
독일은 가는 곳마다 맥주가 음료이니.
크롬바커, 필즈너(이건 체코에서도 마셨는데) 벡스…가 기억나네.
워낙 오래전이고.
이렇게 사소한 것은 남기질 않아 희미한 그림일 뿐.
지금은 기념관과 서점이 되었다고 하니 맥주 가게였을 때 다녀온
것이 추억의 바구니에 담기네. 필름 사진 속에서.

커피는 향내만

2012. 7. 28.

숭늉처럼 하루 두 잔만 드세요. 그것조차 못한다면
사는 낙이 없지요. 커피 좋아하는 줄 아는데….
의사는 웃으며 말했다.
또 한 의사, 신경안정제는 간이 싫어하는 것 아시죠?
두통은 평생 안고 살아야 하는 것도. 아아!

전원교향곡

2012. 7. 31.

지금 내 방안엔 베토벤의 「전원교향곡」 3악장이 흐르고 있다.
정말 위대한 음악가라는 생각을 하면서.
전원의 바람과 나무들과 그 잎들이 신들린 듯 음악은 치닫고 있다.
그리고 북유럽과 러시아로 달려간다.
캄캄한 희망도, 욱신욱신 쑤셔오는 그리움도 가두어 두고 하얗게
껍질 벗던 자작나무며 그 기름으로 질기게 밤을 태우던 벽난로.
꼭 만나야 할 사람을 만난 듯한 반가운 순간.
뜨겁게 이 밤을 포옹한다.

짝꿍

2012. 8. 1.

소꿉놀이하던 때로 돌아갈 수만 있다면, 코흘리개 옛날 짝꿍을
만날 수 있다면 잠을 잊고 밤 내내 노닥거릴지도.
초등학교 시절, 아버지 곁에서 구두를 닦는 것을 도와주던 짝꿍은
내 필통 속에 몰래 연필을 넣어 주곤 했다. 몽당연필에 침 묻히던
내가 대학생이 되었을 때 그 자리에 아버지 대신 앉아 구두를 닦던
그 짝꿍은 나를 기억할까.
자기가 택한 길에서 아프기도, 외로워하기도 하면서 손 흔들
운명임을 우리 모두는 알고 있을까.
그리움의 한 자락이 되었네.
입가에 피어나는 웃음, 하루만의 위안이네.

이보다 더 좋을 순 없다

2012. 8. 3.

잭 니콜슨이 생각나네.
「이보다 더 좋을 순 없다」. 이 영화도 꽤 오래 되었네.
진한 성격파 배우, 이 배우를 만난 것은 1975년,
「뻐꾸기 둥지 위로 날아간 새」였어.
그리고 유명한 「The bucket list」, 이 영화도 벌써 몇 년이 흘렀네.
오랜만에 낮잠을 잤네.
사실은 일어나질 못했네. 기운이 없어서.
바람돌이는 자장가를 부르고 쿨 매트는 흔들리진 못해도
요람이 되어 주는 골방에서 낮잠을 잤다네.
흥건히 젖을 때까지. 무척 좋았네. 그렇게 여름을 보내리라고는
생각해 본 적이 없으니까.
살아있는 시간이 좀 먹힐까봐 자는 시간조차 아까웠거든.
이해가 될까?
가멸어져가는 생명의 아쉬움을 느껴본 적이 있는가.
살아있음이 얼마나 소중한가.
바로 이 시간이 '이보다 더 좋을 순 없다'임을.

찌는 여름

2012. 8. 5.

서울의 기온은 매일 기록을 갱신한다.
오늘, 36.2도. 8년만의 더위라 한다.
1994년의 기온, 서울이 38.4도였으니 그 기록은 살려 주면
좋겠다. 10호 태풍 '담레이'는 밤손님처럼 살짝 왔다 가 버리고
11호 '하이쿠이'는 어디쯤 오고 있는지.
중국놈들 태풍 이름도 자기네 닮아, 하이쿠이가 말미잘이라나?

더위 무서운 줄 새삼스레 알게 되네.
나는 더위보다는 부끄러울 때 땀을 뻘뻘 흘리는데
나로부터 땀을 빼내는 올해의 여름이여.

운동경기

2012. 8. 7.

가끔은 운동 경기도 재미있다.
축구를 보던 날,
가슴이 졸여 반쯤만 눈을 뜨고 보다가, 바흐의 「브란덴부르크」
협주곡을 들으며 보다가, 그래도 가슴이 쿵쾅거려 카프카의
수상집을 보다, 동점이 되는 순간의 떨림.
그리고 다시 하늘로 쳐 올린 장함이여.

배롱나무

2012. 8. 9.

종일 담양의 '명옥헌'에서 시간을 누볐다.
간지럼 타는 배롱나무, 짜르르 웃음소리 내다.
떨어진 꽃잎은 당사실로 짜 놓은 비단 같은데 하롱대는 붉음이여.

전환점

2012. 8. 10.

나도 남의 이야기를 듣기를 원한다.
탁구 경기처럼 '핑' '퐁' '핑' '퐁'
왔다 갔다 하기를 더 원한다.
서로 다툴 때 한쪽이 침묵으로 있으면 맥 빠짐과 같다.
쏟아놓기만 한다면 어딘들 못하랴.
무어 그리 사람 가리랴.
받아 넘겨주는 묘미를 기대하는 것.
'혹시나'가 '역시나'로 끝을 맺고.
'혹시나'로 살다가 역시, '역시나'일 때,
그럴 땐 인생의 전환점으로 삼아야 함을.

빗속에서

2012. 8. 16.

서울은 고질적인 침수 지역이 있어 늘 당하는 일인데
여긴 완전 달동네라 그것 하나만이라도 걱정에서 벗어나지만
휘이휘이 언덕배기 올라올 땐 내 몸이 더 작게 느껴지는 곳.

8월이 절반을 넘어섰네. 외사촌 동생은 폐암 3기라는 의사의 말에
기어이 울음을 삼키더군. 폐암 3기라고. 만화책 보고 중얼거리듯
의사는 말했지.
주님의 자녀가 되어 한창 신나 있었는데…
위로 아닌 위로를 했다네.
이제 암은 불치의 병이 아니고 함께 가는 병이라고.

9월이 오면

2012. 8. 17.

밤을 흠뻑 적신 비가 조금 뜸하다.
귀뚜라미가 가을을 데리고 방으로 들어왔다. 놀랐을 테지.
밖으로 살살 밀어 보내 주었다.
9월을 기다리기로 했다. 「Come September」라는 영화도 생각나고
빌리 본 악단의 경쾌한 연주도 생각나네.
거기에 출연한 Sandra Dee라고 하는 예쁜 여배우 땜에
『映畫 の友』라는 일본 잡지를 사 모으던 때도 있었지.
9월이 되면 꼭 무언가 바뀔 것 같은,
정말 새롭게 시도할 무엇이라도 생길 것 같은 흥분이 있지.
그리고 나이가 들면 여성은 남성화가 된다는 말이 사실이 되기를…
비창의 가을에. 아무래도 난 아닌 것 같기에.
한 번도 남성처럼 씩씩한 적은 없었던 것 같아.
하다못해 얼굴이라고 두꺼워지면 좋으련만.

귀뚜라미를 보는 순간 '아! 9월이구나'라는 말이 절로 나왔고
그 9월을 맞이하기로 한다. 가을이라는 계절로 인해 더 가슴이
아플지라도. 9월의 태양이 떠오르기를 바란다.

내 방에의 초대

2012. 8. 18.

'참, 거짓말 못하구나, 숨기지 않구나, 없어도 당당하구나.'
이게 내가 내게 하는 칭찬이며 격려다.
내 방을 소개하는 사진을 찍는다고 일부러 정리하지도 않았고
그렇다고 또 어지럽게 해두지도 않았다. 그저 내 생활의 전부다.
화개장터다. 그러기에 있을 건 다 있고 없을 건 없다.
그런 방에 너를 초대한다. 잠들어도 좋다.

사진 한 장

2012. 8. 22.

파편을 줍는다. 기억의 파편, 빗줄기의 파편.
금싸라기 시간의 파편.
빗물에 씻는다. 헹궈낸다.
말갛다. 그렇게 남은 날들.

8월의 우포늪

2012. 8. 23.

8월의 우포늪은 물안개로 시작한단다.
"물안개를 보아야지요. 가시연꽃이 그 속에 얼마나 아름다운지를."
내가 우포늪을 찾을 때마다 안내하는 사람은 그렇게 얘기했다.
그런데도 아직 그걸 보지 못하고 있다.
그러나 '안개' 는 역시 김승옥의 「무진기행」이다. 한마디로 몽환이다.
안개의 아릿함이 좋고 거기에 담긴 언어가 좋다.
캐낼 수 없는 푸른 언어가 나를 매료시킨다.
종일 우포늪 속에서 거니는 하루를 안개 속에 묻었다.
가을이 조금씩 조심스레 발을 디밀고 있구나.

노래방

2012. 8. 24.

햇살에 그을렸던 바람이 비에 젖고 있었다.
실내, 황홀한 카니발.
온몸 자지러지던 내 사랑이여.
울컥거리던 그리움의 조각들 풀어 놓다.
한 모금 목젖에 남아 있는 커피 향내로
노래하던 그대. 가슴 뜨거워.

발끝으로 오던, 자박자박 빗소리 밟다.
파닥이는 가슴.
고질병 같은 것.

한 시간 십 분.
초침소리에 나를 포개었다.
Bucket list에서 하나가 잘린 날.
나, 눈멀고 귀먹으면 그대 기억해 주길.

처음 찾은 노래방.

편지

2012. 8. 24.

언젠가 우리도 편지를 쓰자.
'지난 하루, 별일 없었지?' '네, 별일 없었어요.' 이런.
그리고 보고 싶었다는 감칠맛 나는 편지를 쓰자.

사진

2012. 8. 25.

내게 날아온 젊은 날의 내 얼굴을 본다.
고맙다. 보관해 줘서 고맙고 이젠 필요 없어
보내준 것이라도 그것만이라도 감사할 일이다.
비를 핑계 대며 젊은 날의 나를 만진다.
그날의 아름다움을 더듬는다.

초대

2012. 9. 2.

KINTEX에서 열리는 「대한민국 향토제품대전」엘 갔다.
먹거리지. 나를 위한. 거기에서 하나 얻어 왔지.
다름이 아니라 초대였다. 된장을 샀는데…
「남원에서 왔어요」라는 꿈꾸는 지리산 농부들 여섯이었다.
달이 감나무 가지 사이로 얼굴을 내밀 때 그 나무 아래에서
달과 눈 맞추며 오줌을 누고 싶으면 오라고 하네.

가을날

2012. 9. 7.

이 가을을 어찌 보내니. 시린 가을을.
멀쩡한 사람도 실성한 듯 헤매는데 걱정이다.

그래, 내가 가장 사랑하는 시인, 라이너 마리아 릴케(1875~1926)의
『형상시집』에 실린 「가을날」을 읽는다.

가을날

주여, 때가 왔습니다. 지난여름은 참으로 위대했습니다.
당신의 그림자를 해시계 위에 얹으시고
들녘엔 바람을 풀어놓아 주소서.

마지막 과일들이 무르익도록 명해 주소서.
이틀만 더 남국의 날을 베푸시어
과일들의 완성을 재촉하시고 진한 포도주에는
마지막 단맛이 스미게 하소서.

지금 집이 없는 사람은 이제 집을 짓지 않습니다.
지금 혼자인 사람은 그렇게 오래 남아
깨어서 책을 읽고, 긴 편지를 쓸 것이며
낙엽이 흩날리는 날에는 가로수길 사이로
이리저리 불안스레 헤맬 것입니다.

소통

2012. 9. 7.

유영을 한다. 녹 쓸지 않기를 바란다. 가을바람에 내 머리가
더 명민해지기를 바란다.
노력하지 않아도 수월하게 젊은이와 언어가 소통되기를 바라는데
오늘 아무래도 힘든 걸 발견했다.
싸이의 노래였다. 그의 말춤이었다. 아아, 하느님.
제가 어찌 저것을 따라하겠습니까.

라텍스 요를 받은 날

2012. 9. 8.

약간 두통이 있어 잠자리에 누웠다.
심해지면 걷잡을 수 없기에.
오늘 같은 날은 두통도 고맙네.
내게 선물로 온 라텍스 요 위에 일찍 누우니.
보내줘서 고맙고, 폭신해서 웃음 물고, 그래서 한 줄 남기고,
Merci!

폴로네즈 위에 내리는 비

2012. 9. 9.

목련 잎이 이제 감당할 수 없나 보다.
목련 잎 떨어뜨리고는 비는 펑펑 울기 시작한다.
가까운 사람의 죽음 앞, 조문객처럼.

오늘은 쇼팽이다. 폴로네즈가 비에 젖는다.
빗방울이 흔들린다.
폴란드에서 저녁마다 열리던 연주회, '쇼팽의 밤'.
연주회가 끝나면 와인 한 잔씩을 우아하게 마시던.
그리움이네. 발자국마다 그리움이네. 비는 내리는데.

태풍은

2012. 9. 10.

기억할까. 내가 농아학생에게 아르바이트로
국어 가르친 적이 있음을. 무척 힘들었지. 도전이었네.
태풍이 없으면 바닷물이 상한다네.
그것처럼 우리의 삶도 그러함을.

가을비

2012. 9. 13.

눈 내리듯 소리 없이 비가 내린다.
나는 들을 수 있네. 가슴에 주룩주룩 내리는 빗소리를.
태풍 '산바'는 소리 하나 남기지 않고 가버렸네.

가을비는 돌아가는 비.

무릎담요

2012. 9. 14.

망연함. 무심함과는 또 다른.
나를 버리고 저 세상을 간 친구를 생각한다.
가을 여행이면 그 여자의 배낭에 제일 먼저 자리하는 것이
내 무릎을 덮을 무릎담요였다.
따뜻하게 무릎을 덮고 연인에게 안기듯 기대어 잠들곤 했으니.
그럴 때마다 눈물을 꾸역꾸역 밥 먹듯 삼켰음을 알고나 갔을까.
죽기 전에 다시 하나 사서 주고 갔지.
추위 타니 배낭에 넣어 다니라고.

모자

2012. 9. 15.

모자 쓰기를 좋아하는 편이다. 벗지 않고 있으면 모르는 사람은
숱이 없어 그런 줄 아는 사람도 있고
앞머리를 내리고 있으면 이마에 주름이 많은 줄 알고 있지만
둘 다 해당은 안 된다.
모자 속에 숨어 있는 내 젊음을 좋아하기 때문이다.

신발의 첫나들이

2012. 9. 23.

선물 받은 신발의 첫 나들이는 연도였다네.
주님, 죄송해요. 병원에서 기도하는 동안
신발 잃어 버릴까봐 걱정했으니까요.
몇 년 전 성모병원에서 아주 좋은 신발 한 켤레 잃어버리고
이상한 사스 신발 하나 남은 것 신고 온 경험이 있기에.
무사함에 안도. 가끔은 너무나 인간적인 나를 보네.

그림자 같은 사람

2012. 9. 24.

불 꺼진 Massachusetts에 남겨진 사람처럼
왜 이리 춥기만 할까.
"살이 또 빠졌네요"라고 하던 의사의 말을 생각하며
내 몸이 더 쬐끄만 사람이 되는 것 같네.
내가 글을 쓰고 있으면 사이펀에서 블루마운틴 한 잔 뽑아올
사람 하나, 곁에 있다는 즐거움을 누리고 싶다.
그림자 같은 사람 하나를.

그때는

2012. 9. 25.

밤이 되면 항상 더 많이 아프다.
아픔을 잊으려 얼마 전에 날아온 사진을 본다.
내가 참 예쁜 제자와 꿈에 부푼 모습으로 앵글에
들어와 있네. 아직 앓기 전이었던 그 모습이, 세상을 다 가진
모습으로, 더 이상 행복할 수 없다는 표정으로.
교내 체육대회, 가을이었네.

기록

2012. 9. 26.

낙엽보다 얇은 내 몸 한 장이 이리 앓아야 하다니.
그러나 살아 있는 냄새를 지니고 있으니
물받이 홈에 그 냄새 모아 놓으리.

La Vie en Rose

2012. 9. 27.

유관순 기념관이었던가.
「빠담 빠담 빠담」
에디뜨 피아프의 장밋빛 인생을 듣는다.
종양의 장난질, 내 신경 줄을 마구 잡아 당겨
지금도 정신 못 차리게 한다.
커피 뽑아 마시고 「La vie en rose」를 듣는다. 박수소리를 듣는다.
저 소리를 가슴에 묻고 그녀는 눈감았을까.
내게 인생이 정말 장밋빛이냐고 묻고는 세시봉 음악실에서
자살한 바보 같은 친구도 생각나네.
아침이여.

가을 편지

2012. 10. 1.

일산병원 장례식장 1호실. 개신교 집사. 76세.
최 교장의 허망한 죽음.
바로 4개월 전, 찬 음식을 먹어 설사를 한다고 하더니 담낭암으로
그리고 좀 나으면 병문안 오라고 하더니…

그분과의 인연. 35년 전 내가 처음 앓기 시작했을 때
보호자 노릇을 해준 사람.
그런 인연으로, 개설한 학교에 발령 받아 따라가서는
밤잠 설친 날들이 얼마나 많았던가.
그러나 한 번도 그분에게 서운하지 않았다.
일을 좋아하는 분이었지만 내게 워낙 따뜻하게 대해 주었기에.
가을은 별리의 계절인가.
조락凋落으로 떨면서 하직하는 이 계절에.

가을 풍경

2012. 10. 3.

사랑을 잃고 나는 쓰네…
…잘 있거라, 더 이상 내 것이 아닌 열망들아…
…가엾은 내 사랑 빈집에 갇혔네.

기형도 시인의 「빈집」을 생각한다.
가을이라는 계절이 모두 빈집인지 모르겠네.
빈집을 돌아다니는 영혼이 된다. 그 암울함이, 그 습함이
몸을 떨게 하지만 피하지 않으려 한다. 가을이니까.
무서리 내리는 밤이 빈집을 둘러싸도 아파하지 않으리.
그래도 찾아올 누군가를 기다리며.
가을이면 무척 앓았다. 지나간 세월을 한 올씩 세면서.
그런 가을이 눈앞에 있네.

이젠, 가을의 풍경이 자유롭고 평화롭기를 바라네.
그 속에 내가 하나의 풍경으로 있고 싶네.
그 풍경 속에서 발견하고 싶은 … 아아!

가을빛

2012. 10. 4.

먼 곳으로 떠나 산길 걸어 올라가면 나보다 앞질러
저녁연기 가벼워진 몸으로 훨훨 날아가고
항상 나는 뒤였다. 가을은 그랬다.

하늘을 보았다. 나뭇잎 사이로 떨어지는 햇살을 보았다.
눈길마다 가을이 묻어 있다.
살아서 바라봄이 반갑고 고맙구나.

착한 선물

2012. 10. 5.

기특한 신발 때문에 실실 웃었다.
주인의 발밑에서 또박또박 걸어줄 때의 리듬감.
내려다보면 귀엽고 예쁘다. 묶는 끈의 끝자락에
매달린 작은 망울이 달랑달랑 소리도 내었다.
네 마음이 거기서 웃고 있었다.

일상의 리듬

2012. 10. 7.

목련 잎이 창에 스친다.
불빛으로 잎새들이 건네는
수화手話를 본다,
그들의 찬 음성을 듣는다.

일상의 리듬.
그 리듬의 아름다움. 리듬을 타는 즐거움.
외로움이 즐거움이 되기를 바라며

'울지 않고 산다는 건 있을 수 없는 일이야'
이런 말은 던져 버리기로 한다.

무두일의 추억

2012. 10. 8.

10월의 어느 날이었지. 윗사람들이 자리 비운 날.
무두일을 좋아하지 않는 집단도 있을까.
'자주 있는 일이 아니야, 만끽해야 돼.' 음모를 꾸미듯
즐거워하던 사람들.
그렇다고 별난 짓을 하는 것도 아닌데.
흐드러진 서부해당화 위에 오후가 길게 그림자를 드리우던 날.
경쾌한 차임벨은 고장으로 침묵하고,
추녀 끝에 매달린 뒤안길의 종으로 수업이 이루어지던 날,
5분 늦게 시작, 5분 일찍 끝남. 잊을 수 없네.
교단에 섰던 날들, 무두일의 추억이네.

나들이

2012. 10. 13.

그믐달. 가을의 숨결 같다.
그 숨결 따라 나섰을까. 잠을 설쳤을까.
흔적 하나 남겨놓고 가버린 손님 같네.

정수리가 너무 아파 문지르다 차나 한 잔 마셔야지 하고
잠깐 부엌에 나갔다 왔더니 인터넷에 다녀갔네.
만났으면 반갑다 손잡았을 텐데.
감기로 앓고 있는 내 방에 다녀간 손님이네.
잠을 설치는 오늘 같은 날, 건강한 몸으로 "맥주 한 잔 어때?"
라고 말을 건넬 수 있는 날이 온다면.
잎새들이 제 몸 말리고 있는 소리 들리네.

잠적하는 어둠을 뒤쫓아 신생의 기쁨으로
다가올 태양, 그 아침엔 거뜬하길.

혼자 놀기

2012. 10. 17.

기도가 하늘 끝까지 갔을까.
맑아지기 시작, 부리나케 챙겨 공주 '영평사'로 떠났다.
이젠 세종시로 된 곳. 하늘거리는 구절초를 보러.
축제 기간 중엔 점심을 국수로 보시를 한다고. 오늘은 글렀지.
인천에서 혼자 온 여자와 친구가 되었다.
나더러 소녀 같다고, 철들지 않은 게 어디 가도 표가 나나 봐.
우울증으로 오랫동안 두통약을 먹고 있다고도.
엷은 화장을 한 이 여자는 민낯인 내 눈과 눈가의 잔주름이
예쁘다고 기어이 사진을 찍어갔다.
혼자 놀기는 카메라만한 게 없음을 느낀다고.
혼자라는 것이 이렇게 가슴 설레는 행복임을
요즘 느낀다고도 하더군.
나 같은 사람이 또 있음을 아는 순간. 기쁨!

삶의 의미

2012. 10. 20.

98세의 할아버지가 운전면허증을 받고는 삶의 이유와
가치를 위해 도전했다고 하듯 살아 있는 시간이
그 자체로 많은 의미를 가지고 있는 것이 아닐까.

성경연수

2012. 10. 21.

성경연수 3일째.
머리에 남는 건 칸트의 이야기,
행복의 3가지 조건.
할 일이 있고/ 사랑하는 사람이 있고/ 희망이 있는 것.
가을이라 그런지 늘 가슴에 바람이 이네.
가슴팍에 절로 손이 가네.
그리움이 자라는 계절에.

새 길

2012. 10. 24.

가을이면 사람들의 입에 많이 오르내리는 시 중의 하나가
프로스트의 「가지 않은 길」일 것 같다.
며칠 전 네가 보낸 메일에서 길을 찾아야 했던 글을 읽으며
두 갈래 길에서 남들이 가지 않은 길을 택했고
그리고 그것이 내 모든 것을 바꾸어 놓았다는 프로스트의 시가
생각나더구나.

I took the one less traveled by,
And that has made all the difference.

오늘도 새 길을 만날 것이며 그 길의 선택도 자유의지임을.
오늘의 태양이 더 크고 밝기를.

폴 클로델

2012. 10. 25.

Catholicism의 시인 폴 클로델은 굴러다니는 돌멩이 하나, 잡초나
평범한 나뭇가지에서 하느님의 얼굴을 보았다고 하네요.
그렇게 영혼을 살찌우는 글을 쓰고 싶은데 매일 무엇에 쫓기는지…

폴 클로델은 로댕의 협력자이며 동반자였던 까미유 클로델의 남동생이지요.
그렇게 하느님을 만날 수 있으면 좋으련만.

설운 가을

2012. 10. 26.

터져 오르는 빛줄기.
가는 길 순순히 멈추고
하나씩 색색의 등을 들고 불 밝히며
빗속에 그렇게 섰다.
여름을 견뎌낸 나무들이, 숲들이 이젠
어둔 길 환히 밝히는 등불이 되었다.

연신 하고 싶은 말들이
몇 장의 엽서처럼 내게 날아와
반가운 걸음으로 내달려가면 거기
밝은 얼굴이 있어,
빗속에서 빛나는 얼굴이 있어
아, 가을이구나.
설운 가을이구나.

은총

2012. 10. 27.

나 그대를 사랑하는 까닭은
나 그대를 사랑하는 까닭은
아무도 그대가 준만큼의 자유를
내게 준 사람이 없었기 때문입니다.

나 그대를 사랑하는 까닭은
그대 앞에 서면
있는 그대로의
내가 될 수 있는 까닭입니다.

나 그대를 사랑하는 까닭은
그대 아닌 누구에게서도
그토록 나 자신을 깊이
발견할 수 없기 때문입니다. 「U.샤퍼, 독일의 시인, 사진작가」

사랑하는 마음을 품을 수 있음은 진정 은총이다.

열엿새 달

2012. 10. 30.

보름보다는 열엿새 달이 가장 둥글고 곱다고 하더니
가을 하늘 아래 처연한 열엿새 달은 곱다 못해
푸른 물이 드는 것 같네.
비수일까.

가슴엔 모반 같은 것.
마음을 다스린다는 것은 자해自害의 과정이 없이는
이루어지지 않는 것 같아.
그것이 얼마만한 상처를 내느냐가 문제이긴 하지만.
열엿새 달을 안으려 하네.

시월의 마지막 날

2012. 10. 31.

말갛게 밤을 새운 아침, 젖은 노래를 보내네.
「Autumn leaves!」
슬퍼서도 아니요, 가고 있는 가을에 전별을!
가을을 타고, 겨울이면 더 시려진 가슴으로
하얀 눈 되어 밤을 새우는 사람으로 기억해 주길.
시월의 마지막 날에.

속상하는 일

2012. 11. 5.

막 고함지르고 싶음. 한 번도 해보지 못함.
누구랑 싸우고 싶음. 남과 싸운 기억 거의 없음.
씩씩거리며 입술에 침 바르는 사람, 무서워함.
그러면서 무서워하는 자신에 또 한 번 속상해함.

그리움

2012. 11. 12.

흥건히 앓는다고 해야겠네.
그러면서도 한 줄의 메일을 어쩔 수 없는 협약처럼
날려보았고, 묵묵부답.
허기짐이었구나.
아침, 아리고 아린 마음.

감정 묻기

2012. 11. 14.

칠칠치 못한 여자의 속옷자락처럼 내비친 감정들.
감정 거두어 꼭꼭 묻어 두기.

행복해 하는

2012. 11. 16.

난 인격보다 따뜻한 인간성을 우위에 놓는 사람이네.
사람의 기호가, 마음의 흐름이 이 세상에서
가장 멋진 사람에게만 가는 것이 아님을.
그러나 분명한 건 내가 웃으면 따라 웃어주는 사람.
크게 웃으며 행복해 하는 사람.

글 속에서

2012. 11. 17.

땀이 흥건히 흐른다. 식은땀이겠지.
이런 나를 사랑한다.
기진하며 글을 쓰는 나를.

연결고리를 찾지 못해 음악을 듣는다.
영화 「I am Sam」의 OST 그대로 듣는다.
「Two of us」
9월의 우리 본당 영화였다.
가슴이 서늘해진다.
시고 단 귤처럼 저문 하루가 내게 안긴다. 내가 안기는 것인가.
작품 속으로 나를 밀어 넣어 나와 조우하게 한다.

아침기도

2012. 11. 18.

스산한 바람은 궂은비를 싸안았다.
새벽이었다. 어둠의 장막이 비에 젖었다.
희끗희끗 플라타너스 잎이 가로등에 얼비쳤다.
6시, 삼종기도 시간엔 종이 울린다.
녹음된 것을 들려주겠지. 종소리에 맞추어 기도를 올린다.
혼자 앉은 줄에 누군가 곁에 앉은 듯 머리카락을 건드리는 것
같았다. 로만 칼라의 보라색 옷을 입은 이가, 눈을 감았다 떠도,
눈 비비고 떠도 그 자리에 내 몸과 틈새 없이 두 손 모으고 섰네.
아직도 그 잔영 그대로네.
어쩔 수 없어 좀 있다 다시 성당 갈 때 보라색 정장을
입기로 한다.
아침 기도는 이렇게 설레었다.

와인

2012. 11. 19.

마실 만한 와인이라고 추천 받기도 하고
특히 유럽 여행을 가면 풍미가 뛰어나다고 나누기도 하는
와인이 많기도 하지만 내가 즐겨 마실 수 있는 와인은
값도 싸고 달달한 미국산 Mogen David이다.
만 원 내외이니 말할 것도 없이 싸지.
술꾼들은 주류에 넣어주지 않지만 그래도 11도는 된다.
그것도 이젠 겨우 한 모금에서 끝나고 말지만,

겨울이 되면 쉽게 꽃망울 터뜨리며 거실로 찾아 들어오게 되는
게발선인장 같은 술이다.
그렇게 누구에게나 선뜻 안길 수 있는, 입 속에 머물 수 있는
평범한 와인이나 꽃이고 싶다.
너무 헤픈 인생이 되어도 걱정이지만.

떨리는 손으로 밤 내내 메일을 쓰고 지우고 쓰고 지우고 남은 말,
'안녕.' 안녕이라는 말 속에 모건 데이비드 한 병을 누군가에게
전하고 싶다. 이 밤에.

뱉지 못한 말

2012. 11. 23.

뱉지 못한 말들이 쌓여 퇴적암이 되었을까.
몸이 무겁고 목이 마르네.

연주회

2012. 11. 27.

러시아의 상트페테르부르그엔 네바강이 흐르고 있었다.
저녁 무렵 노을을 안고 배에 앉았다.
러시아라고 하는 나라는 내겐 항상 우수로 온다.
남들은 모피를 사러 시장으로 갈 때 나는 CD를 사러 모르는 거리를 헤매었다. 차이코프스키, 글린카, 프로코피예프였다.
그런데 그때 샀던 CD 중 두 장이 오늘 예술의 전당에서 콘서트를 가진 상트페테르부르그 스테이트 심포니 교향악단이었다. 라이브로 듣는 그들의 연주는 처음이었다.
빈 필이나 베를린 필에 익숙한 탓인지 조금은 허전했지만 그들의 음악에는 제 나라 작곡가의 음악을 사랑하는 마음이 그대로 깃들어 있기에 힘이 있었고 따뜻했다.

화선지이기를

2012. 11. 28.

순백이고 싶다. 습윤이 쉬운 화선지이고 싶다.
앞뒤 잼이 없이 그대로 배어들기를 바라는 저녁이다.

자존

2012. 12. 3.

나를 건드리지 않으면 양순하다.
자존을 중요하게 생각하기에
비교적 명쾌하다. 설령 나 스스로를
괴롭히는 경우는 있지만. 그러나 내게 손 내미는 사람에겐
관대함은 물론이다.

폭설도 잠이 든 밤

2012. 12. 7.

산다는 게 에피소드의 연속인지도 모르겠다.
말 많은 세상, 눈 돌리면 물어뜯는 세상
요즘 우선 건강이 좋지 못하다는 게 행운인지도 모르지.
화를 낼 기력도, 서운해 할 힘도 없으니. 그렇게 마음의 풍랑이
가라앉아 준다면, 그리고 모두 잊어버릴 수 있다면 그보다 더
다행한 일은 없을 것 같다.
가슴을 후벼 파, 없는 잠 더 놓쳐도 추스를 기운도 없으니…
폭설도 잠이 들었네.

곰통된 감정

2012. 12. 12.

겨울밤은 역시 적막이다.
사방이 갇힌 벽 같다.
이상하게 언어를 잃은 사람처럼 막막하다.
멀리 떠나온 것 같기도 하고
사람들이 떠나간 것 같기도 한 그런 밤이다.
정신없이 앓다가 사막에 비 내리듯 촉촉한 날,
머리 들고 다니다 또 지쳐 눕기도 하는, 그런 일상이다.
귀하고 아까운 시간들이다.
그런 시간 속에 누군가를 앉힌다.
가끔은 투정을, 더러는 푸념을, 아님 어거지를…
그러나 그건 곰통된 감정임을.
그러면서 시간을 죽이구나.

나의 멘토

2012. 12. 18.

아우구스티누스 성인처럼 방탕했던 생활을 뉘우치며
"아, 복되신 죄여"라고 했듯 나의 멘토는
나와 동거하는 드센 병마들이다.
나를 가장 작게 만들어 봉헌하게 한다.

불안감

2012. 12. 22.

한 줄의 글도 못 쓰고 시간을 꿍치고만 있을 때의 불안감.
'바우하우스'에서 마신 커피 석 잔이 잠을 앗아갔는데
글이 되지 않아 그저 가슴을 토닥거렸다.
하얗게 밝혀 청명의 아침을 맞고는 미사.

밤이 오면

2012. 12. 23.

밥 대신 커피 한 잔 내려먹고 사람 떠올리기.
그리고 즐거워하기.
우리말 사전 읽기.
그리고 밤이 오면 글을 쓰리.

주님께

2012. 12. 24.

주님, 저 예뻐하시죠?
당신보다 금방 돌아서는 사람을
좋아하는 저를 용서하세요.
그러나 당신의 옷자락은 놓지 않을 것입니다.
그리고 당신의 집으로 갈 것도.
촛불 밝힌 주일 아침에 엎드린 채.

– 당신의 데레사가

따뜻한 가슴

2012. 12. 25.

스스로를 모질게 다스리다 가끔은 너무했다 싶어 다독여준다.
너무나 변해버린 환경을 그래도 견디며 보아내는 것.
'세월의 이끼는 그냥 끼는 것이 아니구나!' 느낄 만큼.
부질없음을 부질없음이 아니라고 아직도 믿는 것.
사람에 대한 믿음을, 설령 가슴 섬뜩한 결과가 오더라도 믿고 싶다는 것.
똑똑하다고 생각하면서도, 가슴 도려내는 아픔을 감수하면서도,
자기 것 챙기지 못하기에 주님이 뒤따라 다니며 챙겨 주신다는 것.
바로 그것이 내 삶의 힘임을.
입으로 뱉는 소리가 만 가지라 하지만
난, 순백의 가슴 하나 간직하고 있음을
주님은 아시기에.
네 따뜻한 가슴이 영원이기를 비는 아침에.

주님의 사랑

2012. 12. 26.

돌아오자마자 묵상의 전율이 사라지기 전에
메일을 보내려 문을 열었다네.
육화肉化의 신비였네. 아니 그 신비에 담긴 사랑이었네.
자기가 만든 창조물이 마음에 들기로서니 그 창조물이 되려고
할까. 아무리 사랑한다 해도 어찌 대신 죽을 수 있겠나.
물론 현실적으로 불가능한 일이지만.
하느님은 스스로 창조하신 인간이 얼마나 사랑스러우면
당신도 인간이 될 요량을 하셨을까.
주님은 그리하여 신성과 인성을 함께 간직하게 되었지만.
그 사랑을 내가 받고 있다네.

눈치 없음

2012. 12. 27.

어이없음에 대해, 또는 가늠하지 못함에 대해,
헤아리지 못함에 대해, 상대방이 품은 말이 무엇인지 모름에 대해,
눈치 없음의 1급.

죄송열차

2012. 12. 28.

죄송열차를 탔다.
무궁화호는 항상 죄송열차다.
늦게 출발해서 죄송하고, 차단기 고장으로 서 있어서 더 죄송하고
제시간에 도착하지 못해 더더욱 죄송하단다.
죄송해서 죄송하단다.
그 말이 빛을 잃어가지만 그래도 하지 않는 것보다는 나으니.
무궁화호가 죄송열차에서 벗어나기를 바랄 뿐.

권유형

2012. 12. 31.

그것도 사실 내 중심으로 얘기한 것뿐인 것 같아.
"밥 먹을래?" 보다는 "밥 먹자."라고 하는 편을 좋아하는
내 습성. 물음의 부호보다 청유나 권유로 끝나기를 바라는.
훨씬 살갑다고 느끼는.
더 명확하고 가까운 듯한.
"차 마실 시간 있어요?" 보다는 "우리, 차 마셔요." 등등.
감아쥐는 애교 같은 것.
그런 경우, 꼭 만나자는 의지(?) 같은 것. 명확함.

2013년

떠남

2013. 1. 2.

두통으로 보낸 새해, 초하루는 생일이었다.
바리움으로 잠재우고 나선 아침, 신선하다.
손난로와 털신으로 무장하고 혹한의 경보에 맞섰다.
재미없는 KTX다. 모두 서두름이다.
떠남은 설렘이다. 이별연습처럼. 기차가 떠나네.

인사의 두려움

2013. 1. 3.

아슴아슴한 사람까지도 올핸 드물게도 새해 인사가 많다.
이런 경우는 반가움이나 설렘이 아니라 약간의 두려움이다.
마음 내키는 것은 고집스럽게 밀고 나가지만
사람에겐 겁이 많아. 첫째, 얽힐까 봐, 둘째는 내가 죽게 됨을
많은 사람에게 알리는 길이 될까 봐.

담담함

2013. 1. 4.

'학림'다방엔 음악이 흐르고 있었지만 귀 담아 듣는 사람은 없었다.
쓰려던 작품노트를 접고 늦은 시간, 까만 밤을 헤집고
집으로 왔다. 주문한 책이 와 있었다.

『슬픔의 위안』과 세네카의 『화에 대하여』이다.
『화에 대하여』를 편다.
눈에 들어온 것은 화의 최대 원인은 '나는 잘못한 것이 없다'는
생각이라는 글귀다.
이성이 강한가, 화가 강한가,
세네카의 생각이나 사상에 얼마나 동조할 수 있을까.

소 망

2013. 1. 5.

그리운 얼굴 자주 보는 것.

삭제하기

2013. 1. 6.

삭제하기. 자꾸자꾸 삭제하기.
남는 건 새해에도 '사랑하리' 네 음절!

슬픔

2013. 1. 7.

『슬픔의 위안』을 편다.

> 사소한 것들을 잃는 일은 참기 어려운 고통이다. 그것들이 누군가를 얼마나 사랑했는지 증명해 주기 때문이다. 누군가를 깊이 사랑한다는 것은 그 사람과 관련이 있는 사소한 것들을 가장 많이 알고 있다는 뜻이다.

그래. 산다는 것은 사소함의 연속임을. 큰일은 전쟁으로 이어질까?
미국의 작가 두 사람. 슬픔에 관한 강의로 이름난 사람들이라고.
공저였다.
슬픔의 깊이를 그들은 알까. 느껴 보았을까.

매를 벌다

2013. 1. 8.

우린 가끔 아무리 말을 해도 잘 듣지 않는 어린애에게
'매를 번다'는 말을 쓴다.
감기가 그 정도면 누워 있어야 하는 판국인데 종로에서 낙원동으로
그리고 인사동으로 돌아다니며 끼니는 놓치고
커피만 벌컥벌컥 들이켰으니. 참 거기서 끝난 게 아니네.
목욕을 하고 젖은 머리채로 바람 일으키며 돌아다녔네.
한심한데 쾌유를 비는 짧은 글이 날아오네.
이럴 땐 나 붙들고 놀아줄 한 사람이 필요함을.

행복의 술

2013. 1. 10.

오늘부터 마시기 시작한 100% 하와이언 코나 커피.
빅 아일랜드.
하와이가 그립다. 따뜻한 곳에서 몸을 녹이며 천천히 입술을
적시고 목젖을 타고 내려 갈 한 모금의 커피. 코나 커피.
늦은 밤 이렇게 메일을 쓰고, 이 메일을 읽어줄 상대가 있다는

사실이 바로 행복의 숲이라 생각하고 싶다.
몇 안 되는 숫자가 아닐까?
세상을 많이 살아낸 지금에도 내게 있는 열정과 감성에 감사하며.

밥 값

2013. 1. 12.

눈이 내리기 시작하더군.
늦게까지 잠들지 않았는데 모르고 지내다
새벽녘에야 가로등 위로 내려오는 눈발을 보았다네.
오늘은 조신하게 집에서 글을 쓰리라 생각하고 있었는데
문득 하얀 눈을 보니 이래저래 생각이 엮이네.

물건들은 제 값만 받아 주면 좋겠고 사람은 드라마처럼
밥값 하는 세상이면 좋겠네.

춘란

2013. 1. 13.

춘란이 꽃을 피웠다.
어김없는 질서다.
춥다고 절개를 꺾으랴.
곱다.
흐르는 시간이 강물 같은 소리를 내네.
옛날 옛날 한 옛날에~~
이런 밤이면 왜 아름다운 동화를 듣거나 들려주고 싶을까.

겨울밤

2013. 1. 14.

겨울밤은 적요와 더불어 항상 아름답다. 아무리 까만 하늘이라도.
가등에 일렁이는 목련의 겨울눈은 동양화다.
젊은 날 사랑에 울어 보지 않은 사람이 어디 있겠는가.
얼마나 따갑게 아픈가. 얼마나 시리게 아픈가.
겨울이라서 그렇다고 겨울에게 미루기로 한다.
느닷없이 빗소리 속에 담겨 있을 사랑을 찾고 싶어서 'RAIN!'

눈 온 뒤

2013. 1. 16.

사운사운 눈이 내리더니 포근히 안기는 바람.
무의도로 들어가서 다시 실미도로, 나와서 점심으로 굴밥을 먹고는 소무의도로.
겨울은 바다를 점령해버렸다.
짝지어 올 사람들도 물리쳐버렸더구나.
바다의 정적을, 고독을, 상실한 꿈을 모두 독차지하고 있었다.
겨울의 위력이었다.

끼룩끼룩 물새가 울고, 굴밥을 하는 할머니의 얼굴이 곱더구나.
행복한 시간이고 싶었다.
보고 싶은 얼굴들.
그런 하루를 앙드레 류의 바이올린 연주 속에 담는다.

흐린 날

2013. 1. 20.

오늘은 종일 꾸물꾸물한 날씨더군.
내려앉은 독일의 날씨 같은. 아니면 안개에 싸여
옆 사람도 보이지 않던 영국 'Hyde Park'. 그 날, 내 눈에
들어왔던 존 덴버의 영국 공연 안내. 실비가 내려 바바리코트가
기분 좋던 날의 추억.
그런 몽환의 날씨가 아침부터였네.
그러나 우울했네. 많이. 그리고 쓸쓸했네.
요즘은 낱말 하나하나의 어감이나 그 뜻을 몸으로 느끼려고 하네.
'우울하다, 쓸쓸하다'에 대해서도. 몸으로 느끼네.

춘천

2013. 1. 23.

경춘선에 겨울을 흘렸네. 김유정 역.
김유정 문학관에는 「봄 봄」의 내용과는 다르지만 생강나무에 움이
터서 곧 벙글 것 같았다네.
무작정 떠나자고 해도 함께해 준 친구가 고마운 날.

남춘천으로 가서 닭갈비로 점심. 그 음식도 처음 먹어 보았네.
춘천의 막국수는 몇 번 먹어 본 경험이 있지만.
경춘선!
떠오르는 얼굴도 있었네.
가슴에 담고 시린 밤을 담았네.

Annabel Lee

2013. 1. 27.

왜목마을에 다녀온 후 앓기 시작했다. 아니, 거기서부터 가위 눌리듯 아팠다.
우스운 건 아파 쩔쩔 매면서 옛날, 영어 선생님 때문에 윌 수밖에 없었던 에드거 앨런 포의 「Annabel Lee」를 첫 소절 외에는 생각나지 않음이 한심했다. 둔해진 머리라니!
그리고는 그 한 소절만이라도 기억하리라 생각하며, 앓으면서도 외고 있는 나를 발견했다.

It was many and many a year ago,
In a kingdom by the sea,
That a maiden there lived whom you may know
By the name of Annabel Lee;

어딘가에 있을 텐데 찾을 길 없고 여기까지가 기억의 한계.

말이 머문 날

2013. 1. 28.

말이 머물러버릴 때가 있다.
할 말이 너무 많아, 팔이 아파 쓸 수 없을 때도 있는가 하면
한마디도 나오지 않을 때도, 끄집어내고 싶지 않기도 한
때가 있다.
건강하진 않아도 살아 있다는 무거운 무게를
짊어지고 있음에 감사해야 할까?
밝은 아침이다.

꿈꾸기

2013. 1. 30.

꿈속을 헤매듯 백설의 군무를 보고 있다.
그런데 왜 전혜린이 생각나는 걸까. 그리고 뮌헨을, 슈바빙을.
우수와 광기로 지핀 불꽃같은 여자였다.
그러기에 독일을 여행할 때 뮌헨에서 오래 머물기도 했다.

학창시절 나의 우상은 전혜린이었다. 오죽하면 생일이 1월 1일, 같은 것만으로도 나는 좋았을까.
그녀로 인해 완벽한 환희, 완벽한 절망을 꿈꾸기도 한다.
꿈은 내밀한 언어가 되어 자양분으로 남으리니.
잠깐의 꿈조차도 내일이면 추억의 한 조각이려니.

1월의 마지막 날

2013. 1. 31.

집으로 들어서자 조금 답답해왔다.
TV는 모두 잠들어 버린 거실에서 저항군이 없어
제 혼자 멋쩍어 하고 있었다.
다시 나와, 어둔 밤에 짧은 산책길에 들어섰다.
밤바람이 얼마나 상쾌한지 어디든 걷고 싶었다.
내 스물의 어느 날 같았다.
부산의 바닷바람처럼 습기를 머금은 바람의 알갱이.
알갱이를 얼굴에 맞으며 걸었다.
1월의 마지막 날. 물 흐르듯 가 버린 한 달.
속절없다는 표현, 이럴 때 쓰고 싶네.

주님 앞에

2013. 2. 2.

주님, 제가 당신 앞에 무릎 꿇었습니다.
그 따뜻한 손으로 저를 안고 계심을 느꼈습니다.
그리고 몸은 점점 가벼워졌습니다.
주님, 당신의 도구로 써 주세요. 그리고 마지막 날, 당신의
속삭임에 따라 기꺼이 훌훌 하늘나라 따라갈 수 있게 해 주시되,
곁을 지켜줄 사람 없으매,
주님, 오래 앓아누워 있지 않게 해주세요.

추위로 오는 것

2013. 2. 6.

기다림이란 계절에 관계없이 왜 추위를 느끼게 할까.
설렘도, 가슴 두근거림도, 기약 없는 인내도 모두 왜 추위로 올까.

섣달 그믐

2013. 2. 9.

섣달 그믐날인데 날아간 원고를 정리하다가
순천만의 푸른 갈대를 보며 쓴 글을 발견한다.

젊음이란 개화에 눈 뜨는 시기이기도 하지만 늦물의
달콤한 과일을 위해 거쳐야 하는 인내와 기다림의
자세를 익혀야 할 때임을 푸른 갈대를 보면서 새삼스레 느꼈다.
푸른 갈대는 청춘이었다.
그렇다. 청춘은 푸름이다.

섣달그믐에 가는 길이 바쁘기에
푸름을 생각하는 것일까.

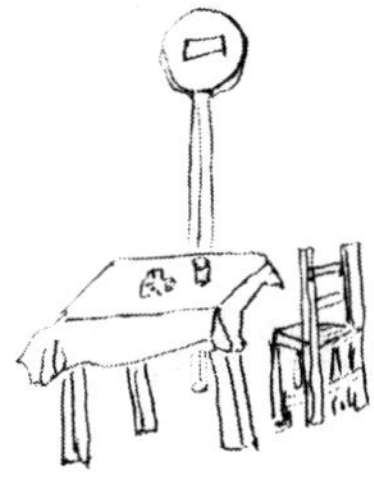

어떤 죽음

2013. 2. 12.

울랄라 세션의 멤버 임윤택의 죽음을 보면서 생각했다.
사람들의 무성한 입을.
임윤택이 울랄라 세션 멤버 속에서 노래할 때 꾼들은 얘기했다.
아프지 않으면서 표를 얻기 위해 중병이라 한다고.
그러나 나는 젖은 눈으로 그를 쳐다보곤 했다.
마지막을 불태우는 거라고. 그렇다, 마음이 얼마나 바빴을까.
내가 그러하니.
사람의 목숨을 담보하고 연기한다고 생각함이 무섭기조차 했다.
임윤택이 가고 없는 아침에 그들의 노래, 「서쪽하늘」을 들으며
커피를 마신다. 서쪽하늘에 존재하는 것은 무엇일까.

보수공사

2013. 2. 15.

내 몸들이 하나씩 부서지는 소리를 듣는다.
고장 나는 소리들이다.

헌집 수리하기다.
서까래를 고치고 나면 어딘가에 물이 새고
겨울이면 동파로 계량기들이 나자빠지던.
깜깜해서 보면 누전으로 두꺼비집이 내려와 있던 날들.

아직 의식은 명료한데.
보수공사로 일급 자격증은 받고도 남겠네.

구속의 향유

2013. 2. 17.

처음으로 누군가의 간섭을 받고 싶기도 하다.
무슨 옷을 입고, 무슨 신을 신고 외출하라든가
머리엔 예쁜 리본을 꽂고 가슴엔 브로치로 장식하라고.
마주 앉아 주문 된 차를 마시고 식사를 하는 그런 날이고 싶다.
온전히 맡긴 채 잠들고 싶다.

콘파냐

2013. 2. 18.

오늘이 우수. 매화가 피어날 때가 되었지.
느닷없이 부산에 있는 친구로부터 날아온 메시지.
"니가 일리에서 마신 커피가 에스프레소 다음 뭐냐."
"콘파냐!"
우린 이렇게 작은 대화로 즐거움을 나눈다.

낮춘 몸

2013. 2. 19.

어떤 사람은 강한 사람 앞에서 약해지고
약한 사람 앞에서는 강해지지만 나는 약한 사람이 제일 무서워.
도저히 이길 수 없으니. 그런 사람에게 내가 어떻게 이길까.
내 몸조차 다 주고 싶은데.
내가 사랑하는 사람들이 더 큰 나무이기를,
그늘을 드리우는 숲이길 바라면서.
낮춘 몸이길 간절히 바라는 날에.

유연성

2013. 2. 20.

내가 가는 곳에서는 장애우들에게 뭔가를 가르치는 프로그램으로
바리스타 교육을 하고 있었다.
어느 업체의 도움을 받을 수 있었기에 가능했겠지만.
언제 열매를 맺으려나.
종류에 관계없이 1,000원. 물론 아직은 선생님들의 솜씨다.
나는 품위 있고 럭셔리하며 고고한 모습으로 있기도 하지만
장애우들과 어울리기도 좋아한다.
최상의 정찬을 즐기기도 하지만 천 원짜리 국수도 먹기를
마다하지 않는다. 그럴 때의 내가 좋다.
침 흘리는 그들과 손 내밀어 악수한다.
"찬미예수님!" 그들의 인사에 답한다.
그런 나를 양면성이라는 말보다는 유연성이라는 말로 표현한다.

모독

2013. 2. 21.

글을 쓰는 작업을 쉬며 놀며 한다면 그건 문학에 대한 모독이겠지.
투신이라는 말밖에 할 게 없어. 그게 좋아.
글을 쓰지 않기를 가끔은 바라지만 송곳으로 가슴을 찌르며 살아도
그게 내 살아있음이니 어찌 할 수가 없네.

살아있음

2013. 2. 22.

「추억과 욕망을 뒤섞으며 봄비로 힘없는 뿌리를 일깨우는」 4월을
기다리는 나는 그땐 무얼 하려고 그럴까.
하루하루가 새로움인데 새삼스레.
자기만의 시간을 가지면 무얼 하고 싶으냐고 물었을 때
실컷 레고를 하고 싶다고 얘기하는 사람도 있었다.
나의 아침이다. 남들이 상상하지 못하는 열림이다.
하고 싶다기보다 살아있음에 감사다.

위로의 한마디

2013. 2. 27.

내가 받았던 위로 중 가장 힘이 되었던 건 무엇이었을까 생각.
"다음에도 기회가 있어."
"더 좋은 일이 있을 거야."
"아직 젊잖아(물론 젊은 날이었지만)"
"주님의 더 큰 뜻이 있을 거야."
그러나 사랑을 먹고 살고 싶은 나는,
"널 사랑하는 내가 네 곁에 있잖아."
(아! 다음 날 스러지는 한마디였지만)
어리석게도 이 말이었다.

그리고 넘어진 자리가 바로 일어서는 자리임을
세월이 가면서 알게 되었다.

감미로운 아침

2013. 3. 2.

할 일 쌓아 놓고도 못 본 체,
정말 바쁘면서도 속옷 자랑하며
낄낄거릴 수 있는 사람 하나 그리워하는,
아, 못 말리는 여자.
바다가 그리워 오늘은 어딜 가나,
갔다 오면 그 밤을 끙끙거리면서도,
내 살아 있노라,
속물스럽게 살지 않았노라
허풍 떠는 여자.
그 여자가 눈 뜬, 감미로운 아침이다.

신의 선물

2013. 3. 4.

어떤 사람을 좋아하느냐는 질문에 주저 없이 대답했던 말은
들풀 같은 사람이라고 했다.
말라가는 들풀이 봄이 되면 추위를 이겨낸

풋풋한 모습으로 다시 고개를 내밀 듯
머릿기름도 바르지 않고 향긋한 비누냄새만 풍기는
들풀 같은 남자가 좋다.

베란다에 꽃들이 한창이다. 들꽃이다.
이틀에 한 번쯤 사랑한다고 했을까. 그리고 눈 맞춤이었다.
그 작은 사랑에 배실배실 웃으며 답례를 한다.
그런 사람이 좋다.

그러나 이런 조건을 앞세우지만 가끔은 엉뚱한 사람이
좋아지는 경우가 있으니 사람과의 관계는 신이 주는
선물이기 때문인가 보다.

커피데이트

2013. 3. 5.

마주 앉아 커피만 마셔야 한다면 난 한 모금씩
커피가 물이 될 때까지 씹으며 마실 거야.
까만 하늘에 별이 총총할 때까지. 아니,
별빛에 멱 감은 어둠이 순례를 마칠 때까지.

이런 친구

2013. 3. 6.

내가 아프면 하던 일 젖혀두고 허둥지둥 뛰어오는 친구.
글을 쓰는 일도, 카메라에 손대는 일도 없으면서도,
종일 앉아 글 쓸 만한 적요한 한옥의 카페로 안내하기도 하고
아름다운 풍광을 찾아 앵글에 담아야 한다고
승용차로 집 앞에서 재촉하며 기다리는 친구.

비 내리던 4월. 서종면의 목련이 진다고 양수리 옛길로 달려
차창 밖 봄길 보게 하고는 서종면의 어느 화랑 앞에서 뚝뚝
떨어지는 꽃잎 주워주며 봄 냄새 맡으라고 하던 친구.
빗방울이 강물에 익사하던 어느 4월이었는데…

주말농장에서 무농약으로 채소 길러 제발 건강하라며 건네주다,
'이건 너무 힘들다'고 두 손 든 친구. 짠한 가슴 내게 안겨 주고,
그러나 죽음으로 나를 배신한 친구.
제 목숨 챙기지도 않아 죽음이 서성이고 있음도 몰랐던,
내 가슴 찢어지게 한 친구.

이런 친구 있나요?
내가 선물한 건 달랑 양말 두 켤레. 저승에서 그 양말 신고
목마른 그리움으로 내처 걷는 나와 동행하고 있을,
이런 친구 있나요?

편안함

2013. 3. 7.

편안함이란 무엇일까. 끝내 남을 것이 없도록 털어버린 손바닥.
늦은 점심.
허방으로 걷곤 걸음 멈추어 버리는 것.
모두 편안함이다.
빗금 그어두고 내 자리라고 앉으면 그 자리가
편안한 자리다.
내 주치의는 나 이외는 없다고 단정 지은 날,
편안하게 잠들 수 있었다.

사랑의 한계

2013. 3. 8.

보아 주는 이 없이 밤을 새운 TV가 새벽녘
성당으로 가는 내 기척 소리에 반가운 듯 눈을 뜬다.
돌아와 적막을 지키는 TV를 다시 만날 때,
잊고 있었던, 아니 잊자고 했던
사실 앞에 와해되는 나를 발견한다.
소파에서 잠든 한 사람을 본다.
나를 아무리 추스르고 추스려 보지만 되살아나지 않는 맥 빠짐.
오늘의 말씀, 사랑하라, 사랑하라,
'주님, 너무 하십니다. 십자가의 죽음으로 구속하셨지만
지나치게 큰 숙제 두고 가셨습니다.'
얼마나 사랑해야 하는지요?

바람 부는 봄

2013. 3. 9.

섬사람들은 바람이 없으면 봄이 아니라고 한다.
그리고 함께 오는 것이 안개다.
오늘도 인천공항에는 결항 비행기가 엄청 많다.
바람이 봄을 데리고 가고 나면 여름이 온다고.
우이도에 갔을 때 민박집 아줌마가 하는 얘기였다.
사구에서 모래를 끌고 내려왔다가는 다시 끌고
올라가는 바람을 볼 때마다 자연이라는 커다란 힘을
느끼곤 했다.
그러나 그것도 잠시일거야. 곧 여름이 오겠지.
가고 오는 세월을 어찌 잡으랴.

아도니스여!

2013. 3. 10.

복수초! 봄을 알리는, 눈 속에 피는 꽃.
그러나 눈이 내려 녹지는 않아야 하며
땅의 기운은 조금씩 열을 뿜어내는 토양이어야 하니 자연의
복수초는 귀하기만 하다.
내가 이 꽃을 좋아하는 얇은 이유 중의 하나는 이 꽃의 속명이
아도니스이기 때문이기도 하다.
그리스 신화에 나오는 미소년 아도니스.
미의 여신 아프로디테의 연인.
여신과 사람인 아도니스와의 사랑. 이걸 보아내지 못한,
아프로디테를 사랑한 전쟁신은 멧돼지로 변하여 사냥 간
아도니스를 물어 죽였으니, 죽으며 흘린 선혈이 또 한 송이의
꽃으로 피어나 아도니스가 되었다고. 그런 꽃이란다.
홍릉수목원. 인위적으로 만들어 둔 아도니스의 영역에
전설을 공유하는 아네모네 같은 얼굴들이 봄의 전령을 담으려고
펜스 밖에서 앵글을 조준하고 있었다.

오렌지 향기는 바람에

2013. 3. 13.

커피 향을 전하려 하니 마스카니의 오페라 「카발레리아 루스티카나」
중 '오렌지 향기는 바람에 날리고'가 생각나네.
Roasting이 잘 된, 그리고 약간의 신맛을 느낄 수 있는,
진한 것 같으나 연한, 함께 나누지 못함이 가장 아쉬운,
사이펀을 타고 내려오며 보글거리는, 그런 커피.
하와이언 코나 100%.
날리는 오렌지 향기에 석양이 잠들고 새날이 오듯
커피의 내음에 내 생활이 담겨 하루를 여는 힘이 되기에
고마움을 커피 향에 실어 날린다.

일상의 양식

2013. 3. 14.

양배추, 브로콜리, 어린 싹, 유기농 15곡 영양쌀, 대저 짭짤이
토마토. 짭짤이가 끝나면 방울토마토로 이어진다.
세 끼의 메뉴 중 일부분이다. 변하지 않는 일상의 양식이다.
식사 하는 동안엔 사이펀커피기에 알코올램프를 지핀다. 하와이언
코나 커피는 추억의 산물이다. 보글거리며 내려오는 커피를 보고
그 방울마다에 꿰어진 추억을 줍는다.
내일은 상술이 만들어 놓은 날이라 하더라도 화이트 데이네.
내가 나에게 '하루의 나들이'라는 상품을 선물로 준다.
지심도. 동백을 찾아 떠난다.
카메라 손질, 이미지 삭제, 배터리 확인, 영하의 날씨라니
따뜻한 옷 챙기기.
신경안정제(짬 없이 오는 두통으로) 잊을 뻔했네.
가장 중요한 건 눈부신 바다, 동박새의 핏빛 울음,
동백의 윤기나는 웃음,
모두 담아올 수 있게 마음 비워 휑한 자리 마련하기.

참 잘했어요

2013. 3. 15.

내게 '참 잘했어요'라는 예쁜 도장과 함께 메일이 왔다.
어린아이처럼 기분이 좋다. 내 일상에 준 점수다.
정확히는 안경과 구두를 닦았다는 내 메일에 대한 답신이다.
옛날엔 선생님이 빨간 색연필로 동그라미 다섯을 그리고는 그 위에
별 다섯도 달아 주었지. 나도 그랬으니까.
소년이 자라 내게 별을 주는구나. 희망을 주는구나.
날수를 세며 살고 있는 나를 알고 있기에.

새롭게 살기

2013. 3. 16.

매일 등산을 하는 기분이다.
신나게 오르는 것이 아니라 건강이
내 의지를 완전 무시하고 널뛰듯 오르락내리락,
어찌 보면 경칩 이후 개구리 뛰는 방향 모르듯,
가늠하기 힘든다.
신명나게 글을 쓰다가, 아니면 사진을 정리하다가
모닥불처럼 사그라지는, 그리하여 한 줌의 재처럼 내려앉을 것
같은 그런 경우를 당하니.

'눈 뜰 수 있음에 감사!'라는 말을 곱씹으며 산다.
새날이다.
커피조차 유난스레 유쾌했다.
설탕을 넣지 않아도 단맛으로 왔다.

삶의 조건

2013. 3. 17.

명동의 봄! 여인들의 옷자락에서 펄럭이고 있었다.
관광객과 명동을 보러 나온 우리나라 사람들이 제 나름대로 뒤섞여
봄은 한마디로 사람의 북새통이었다.
'명동칼국수'. 휴대전화를 고치러 나와서는 꽤 긴 거리를 걸었고
점심시간은 훌쩍 넘어 있었다.
하나, 둘, 셋… 사십 육… 더 셀 수 없었다.
줄 서 있는 사람들.
저 돈을 다 어쩌나! 명동칼국수집 앞이었다.
입속으로 들어가는 삶의 조건 같은 것.

봄날은 간다

2013. 3. 18.

베란다에 소사나무가 입덧을 하더니 잎을 틔우기 시작했다.
20년 넘는 세월이다. 분재도 하지 않고 베란다에서
야생화처럼 키우고 있다. 자기가 처한 정황을 아는지
그리 키가 자라지 않는다. 고맙고 대견하다. 천장까지 자라면
어떡하나 아침마다 눈인사로 키를 익히는데.
밖엔 바람이 불고 비는 뿌리지만 기온은 조금씩 상승하고
소사나무의 수줍은 얼굴이 가등으로 거실 창에 얼비친다.
봄날은 간다. 그렇게 가고 있다.

성주城主

2013. 3. 19.

이런 밤이 좋다. 적막과 더불어 혼자 사는 이 방이 좁지만 편안하다.
내가 쟁취한 자유일까. 누군가가 내게 부여한 것일까.
아무튼 이 자유로움이 외롬 속에 놓여 있는 것도 행운인지 모른다.
이 처절한 자유와 외롬이 비수가 되어 나를 찌르기도 했지만
나는 고독한 성의 성주가 되었다.

글의 복기

2013. 3. 24.

책을 출간한 후는 항상 기형아를 분만한 기분이다.

복기復棋의 씁쓸함.
복기는 왜 하는 걸까.
채워지지 않은 욕심은 무엇일까.
그릇의 크기를 줄이면 마음이 편해질까?

홍매화를 찾아

2013. 3. 26.

열차 속에서 메일이 자꾸 죽네.
나 대신 죽는 것 같네.
기다리는 사람도 오라는 사람도 없는데
두통만 껴안고 낯선 통도사로 떠난다.
그래도 홍매화는 기다려 줄 것 같아.

Happy Hour

2013. 3. 29.

내 이성이 나를 지배하는 날이 오면
그 순간을 Happy hour의 절정으로 삼고 싶다.

철들지 않는 여자

2013. 4. 10.

"난 당신이 필요해요."라는 한마디 말에
그를 위해 빗방울에 행여 몸 다칠까 피하는 여자.

말도 안 되는 제의에도
"그럼, 좋지"라고 대답하는 사람 기다리는
꿈꾸는 여자.
"출장 따라갈래?"라고 건네주면
다 던지고 따라갈 여자.
달랑달랑 소녀였던 옛날처럼.

바람이 흐르고 계절은 부지런히 제 길을 가는데
간지럼 태우는 바람에 몸 맡기고 눈 감는
철들지 않는 여자.

허망의 늪

2013. 4. 11.

가끔 잠적하는 꿈을 꾼다. 많은 사람을 사랑하지만
사람과의 대면이 싫은 날이 있다.
가끔 친구를 만나는 날을 기다리기도 하지만
약속을 그만 두고 싶을 때도 있으니.
그때 바로 내가 나에게 타이르는
'허망하다고 하지 말자. 그러면 살아 있음 모두가 허망이니'
그러면서 허망의 바다에서 나를 길어 올리고
기다린다, 누군가를.

뜨거운 사랑

2013. 4. 18.

태양처럼 뜨거운 사랑은 아니어도 눈물이 없는 사랑을 원한다고
영화는 얘기하고 있었다. 그러나 가끔은 태양처럼 뜨겁고 싶다.
기왕 흘려야 할 눈물이라면. 용암 같은 눈물을 흘리는 사랑을.

봄은 가는데

2013. 4. 19.

가고 있는 봄이다.
흐르는 봄이다.
곧 문을 닫을 봄이다.
그러나 내 몸에 기식하고 있는 병마들은 싱싱하게
피어나는 봄이다.

화려한 호텔

2013. 4. 20.

장성 축령산엔 눈은 내리지 않았고 운무는 바로 운해였다.
아픈 동생과 함께하는 길. 도로가 막혀 5시간 이상 걸렸다.
편백나무의 그윽한 내음. 편백과 삼나무의 어우러짐.
몽환적인 숲길, 산길을 쓸며 지나가는 안개.
어느 호텔이 이보다 더 멋지랴.
두바이의 일곱 개의 별을 단 어느 호텔보다
더 많은 별을 달아주고 싶은 자연의 품.
화려한 호텔.

자연과의 속삭임을 위해

2013. 4. 21.

자연도 사람이 와서 스트레스를 다 던져놓고
가기를 원하지 않는다고 하네.
자기들이 모두 안고 있기엔 버겁다고.
이야기를 나누고 마디를 풀고 가라고 한다네.
속삭이고, 나누고 가라고 한다네.

가고 있는 봄을 보러, 그 숨소리를 듣기 위해.
아니, 그들과 속삭이기 위해 가야만 하리.

이별

2013. 4. 25.

불쑥 이덕희의 글을 읽고 싶어 책장을 훑는다.
『그대는 충분히 고뇌하고 방황했는가』
전혜린과 퍽 친했던 여자.
『전혜린』을 썼던 서울법대 출신의 여자.
예술 평론은 장르를 불문하고 쓰고, 대학 강사를 하다 지금은
자유기고가. 그의 책에서 니체를 읽고 또 이별의 방식을 배운다.

> …비록 그가 그대를 떠난다 할지라도 그를 원망하거나 그의 등을 향해 저주를 보내지는 말자. 떠나감은 배신이 아니다.
> 설사 그가 그대를 버린다 해도 한때나마 그대에게 그가 소중한 사람이었다면 이제금 행복이 깨진 것을 한탄만 말고 그나마 그 행복마저 없었다면 그대의 삶이 얼마나 더 공허하고 비참했을까를 생각하고, 그렇듯 충만한 순간들을 그대에게 선사해준 이 삶에 대해서 오직 감사하라.

나는 매일 이별을 한다.

어쩌다 발견한 편지

2013. 4. 26.

1993년 4월 20일 봄, 교무실, 오후

…진한 그리움의 무더기를 줄이기로 한다.
언어란 얼마나 힘없는 존재던가.
단지, 등기로 보내는 이 편지가 '수취인 불명' 등의 이유로
돌아오지 않기를. 이 하늘 아래 함께 호흡하고 있다는
사실만이라도 내게 오기를.
안녕.

그러나 나는 이 편지를 결국 부치지 못했다.

마이스키의 첼로 연주

2013. 5. 7.

피아노의 여제女帝라는 아르헤리치의 건강상 이유로
듀오는 무산, 마이스키의 무반주 「바흐 첼로모음곡」
1, 3, 5번으로 이루어진 리사이틀이었다. 타고난 예인이었다.
바흐의 힘 있는 곡들도 마이스키의 손에서는
부드러운 봄바람이 된다.
그래, 비난도 받지만 실크 블라우스 같은
부드러움이 예술의 전당을 수놓았다.

산소 같은 사람

2013. 5. 8.

산소, 있는 듯 없는 듯 모르고 지내다
없는 날, 숨 막혀 찾아 헤매지.
사람도 마찬가지가 아닐까.
'아, 그는 산소였네.' 그러면서 그리워함.

실패를 두려워하지 않기

2013. 5. 10.

산다는 것은 이미 마련된 길이지만
어떻게 사느냐 하는 것은 도전이겠지.
흐르는 대로 맡기는 것도 하나의 방법이지만.
실패를 두려워하지 않기.
살아가면서 실패를 경험한다면
단련되고 재바른 사람이 되리라.

투정

2013. 5. 11.

사람의 투정은 상대방을 밀어내기 위함이 아닌 걸
아는 데는 얼마만한 세월이 필요할까.
그리고 그 투정이 부질없다는 것을 아는 것은
또 얼마만한 시간을 건너야 할까?

세월은 어디에서 기억이 날까

2013. 5. 13.

무엇이 추억이 될까.
왜 상처로 남아야 할까.
털갈이하듯 옷을 정리하며, 그것도 마음대로 되지 않아
그만 두고. 팔이 성치 않으니 모든 게 힘들기만 하네.
『상실에 대한 153일의 사유』를 본다.
내 상처들에게도 사유의 이름을 붙여주고 싶다.
그 이름들을 매달아 두고 하나씩 지우고 싶다.
밝은 하루를 위해.

기다림의 힘

2013. 5. 14.

내 팔뚝 무게보다 더 무거운 듯한 갤럭시그랜드와의 전쟁.
아날로그 방식의 낡은 TV를 보는 듯. 흘러간 날의 추억 같은 것.
주어진 계약 기간 2년.
기다림이 나를 살아있게 해 주는 힘이라고 믿고 싶네.
어떤 기다림이든.

대청댐

2013. 5. 15.

금강을 잘라 대전시 신탄진동과 충북 청원군으로 나눈다고.
멀리 산사의 연등이 눈물처럼 비칠거리고 있었다.
사월초파일을 하루 앞둔 날. 대청댐을 안내하여 구경 시키고는
외로운 노인을 방문하고 돌아가듯, 제자는 등을 보이고는 갔다.
미끄러지듯 순하게 출발한 버스가 바람에 잠깐 멈칫했다.

위대한 개츠비

2013. 5. 16.

1974년에 보고 두 번째 보았다.
로버트 레드포드에 반해서 그가 출연한 영화라면
빠뜨리지 않던 시절이었다. 이번은 디 카프리오다.
레드포드보다 훨씬 개츠비답지 않다.
「위대한 개츠비」는 항상 실패였다. 피츠제럴드의 작품을
다 드러내기엔 행간을 읽어낼 수 없기 때문이다.
나는 그저 개츠비가 안타까워 가슴이 아렸다.

관객은 모두 멀건 얼굴이었다.
44세에 심장마비로 간 원작자를 생각했다.
의외로 이 작품을 아는 사람이 드물다.
음악을, 미술을, 영화를, 여행을 실타래 풀어내듯 나눌 사람을
만난다는 것은 얼마나 어려운 일인가.

날개 없는 천사

2013. 5. 17.

방 안을 둘러싼 책과 CD 나부랭이, 걸린 옷들,
그리고 숨기지 못하는 잠자리.
계절이 바뀐다고 무에 달라지랴.
모두 좁은 방 안에 함께 기거하는 것들이니.
그러나 새로운 것이 하나 있다. 돌아보면 바로 내 뒤,
선물로 받은 날개 없는 선풍기가 덮개를 벗고
그 모습을 드러낼 수 있기 때문이다.
조금 이르지만 덮개를 젖혔다.
날개 없는 천사가 따로 있으랴.
글을 쓰는 내 등 뒤에서 여름을 주눅 들게 하는
이 선물 보낸 이가 바로 천사임을.

회색의 기억

2013. 5. 18.

비雨요일, 어젯밤 그리도 후드득거리더니.
목련의 짙은 빛이 창에 그림으로 다가오더니.
지금은 소리 없이 기웃거리고만 있네.
성령강림대축일. 그것보다 아버지의 기일.
슬픔보다 당신의 서러운 삶이 가슴 아프게 느껴지는.
인정하고 싶지 않았던 당신의 비명횡사.
무척 더웠던, 포르말린보다 시체의 역한 냄새가 더 지독했던
부대 마당, 텐트 아래 누웠던 당신의 시신.
내겐 유년의 기억에서 지금까지가 모두 회색이네.
잿빛이 사랑이네.

만남의 기대

2013. 5. 19.

바람이 서늘하다.
마로니에 꽃이 비에 젖어 떨어지고 있었다.

밤바람이 보도를 쓸고 지나갔다.
박 건이던가?

> 지금도 마로니에는 피고 있겠지
> 눈물 속에 봄비가 흘러내리듯
> 임자 잃은 술잔에 어리는 그 얼굴
> 아, 청춘도 사랑도 다 마셔 버렸네.
> 그 길에 마로니에 잎이 지던 날…

그런 날, 나는 누군가를 만날 것이다.

문신이

2013. 5. 20.

커피 뽑는 일을 하면 한 달에 3만원. 서빙은 2만원 월급.
돈 버는 즐거움과 남을 즐겁게 해 주기 위해 돈을 쓰는 일.
'작은 프린치스코의 집'에서 수녀님들은 식구들을 가르친다.
장애우들의 집, 나의 친구 문신이, 아직 월급 2만원이다.
후라보노 껌 500원 주고 사서는 씹으라고 한다.
고맙다는 인사에 얼굴이 벌개진다.

친구의 죽음

2013. 5. 21.

친구가 사월 초파일에 눈을 감았다.
"곧 부산으로 내려가마." 하고는 내려가지 못했는데.
동기 중 또 한 사람이 눈을 감았다.
마지막, 나 때문에 눈을 감지 않았다고 딸은 전했다.
"이모가 보고 싶었나 봐요." 바뀐 딸의 전화번호가 낯설어서
받지 않았던 것이 불찰이었다.

'학림'에서 만났을 때 결별이 아니길 바라는
마지막 마무리를 걷어차 버리고 친구는 갔다.
휑뎅그렁한 밤에 번져있는 달빛.

그렇게 친구는 갔네, 눈물을 주고.

모래알

2013. 5. 22.

참 그랬다.
지나간 날들은 모두 그리움이구나.
손가락 새로 빠져나가고 남아 있는 고운 모래알이
그리움이라고 하더니.

내가 살 수 있는 길

2013. 5. 25.

낙타가 바늘구멍으로 들어가는 방법은
자신을 태워 가루가 되면
솔솔 빠져 나갈 수 있으니.
나를 버리면 살 길이 거기에 있네.

길들여짐

2013. 5. 26.

사실 나는 왼손이 힘도 세고,
다리는, 오른발로는 평균대 위에서는
올리지도 못한다네. 왼발로는 꽤 오래 서 있지.
그러나 오른팔의 염증으로 팔목을 사용할 수 없어서
왼손으로 양치질이며, 젓가락질을
하려고 하니 그렇게 힘들 수가 없네.
오랜 세월을 그 일을 오른손이 했기 때문이지. 길들여진 탓이라네.

품을 그리며

2013. 5. 27.

나는 정말 품을 그리워하네.
그런 이야기를 할 만한 사람을 만나고 싶네.
그 그리움을 채워줄 사람을 기다리기보다
그러함을 이해해 줄 사람을.
날씨 탓인지 오늘은 빗속을 걷고 싶었네.
그리고 커피를 나누는 꿈을 꾸었네.

화해

2013. 5. 28.

아직 팔목을 쓸 수가 없어. 양치질, 문 열기, 들어올리기는 요원해.
길들여지기라는 글을 쓰고 있지만 그건 어쩜 모든 것과의
화해인지도 몰라. 다른 쪽과 나누어했다면 한쪽이 그렇게 당당하게
잘 할 수가 없겠지.
부부들도 마찬가지이지. 서로 길들여지니 일심동체가 되겠지.
하느님과의 화해, 자연과의 화해, 타인과의 화해, 나와의 화해.
가장 어려운 건 나와의 화해야. 내 경우.

예비신자들과 함께하는 시간

2013. 5. 30.

"'마중물'이라는 단어를 아세요?" 아무도 아는 사람이 없었다네.
"영화나 드라마에서 펌프질로 물을 길어 올리는 것을 본 적이
있나요? 거기에 물이 잘 나오게 하느라 한 바가지의 물을 부어
주는데 그것이 마중물이랍니다. 물이 나오게 하듯 이끌어 주는 힘,
곧 멘토 같은 존재가 마중물이랍니다.
누군가의 마중물이 되세요. 마중 나가는 물, 잊지 않기를."

청남대

2013. 5. 31.

에메랄드 같은 대청호의 물살이 가볍게 경련을 일으키고
'전망 좋은 집'이 내려다보고 있었다.
제자인 조 작가는 오랜만에 와본다며 아는 대로
내게 이것저것 설명해 주었다.
청남대로 들어가는 길목의 나무들은 싱싱한 생명이었다. 무엇보다
대청호를 끼고 달릴 수 있음이 반가웠다.
우린 나무들의 이름을 익혀가며, 또 큰 소리로 불러가며 산책로를
한 바퀴 돌았다. 내가 잘 걷는 걸 모르는 조 작가는 피곤하지
않느냐, 다리가 아프지 않느냐고 노상 걱정이었다.
청남대를 처음 가 본 날이었다.
그도 나도 글 쓰는 작업을 잠깐 각자의 방에 두고 나와서 하늘을,
땅을 호흡하는 시간을 가진 것이었다.
나오는 길에 한 그루의 모란이 꽃잎을 뚝뚝 떨어뜨리고 있었다.
문득 두고 온 내 작품 노트가 나를 부르는 것 같았다.

DJ 이종환의 죽음

2013. 6. 1.

노래만 좀 들려주면 좋겠다고, 혼자, '아저씨, 제발 곁다리로
잔소리 그만하세요.'라고 하던 이종환의 '밤의 디스크 쇼'
이젠 그것도 추억이 되어 버렸네.
이야기가 길어 별로 좋아하지 않던 이종환 아저씨. 미안함으로 남네.
오래된, 천대 받으며 돌아다니던 CD를 듣는다. 그의 해설과 함께.
「Blue eyes crying in the rain」, 「Let it be me」

미명에

2013. 6. 2.

잠이 들려고 하다가 Neil Diamond의 「Play me」에서 반복되는
'You are the sun, I am the moon'에서 번쩍 잠이 깨어버렸네.
말러의 음악을 잊고 있었네. 슬픔과 환희를 오가는 교향곡 5번.
벌써 미명이 일요일을 들고 오네. 빛나는 악기들을 울리며.

떠나기

2013. 6. 4.

프랑스의 샤모니에서 몽블랑으로 오르는
케이블을 타려고 기다리고 있을 때였어.
그 케이블은 4,810m의 몽블랑 정점까지는 가지 않고
3,800m 정도였던가 '에귀 디 미디'까지 가는 거였는데
휠체어에 링거 주사를 맞으며 온 사람이 있어서 대단하다고
생각했지. 그런데 내가 그 비슷한 사람이 되었네.
병원과 한의원을 다녀오고 안마와 스포츠마사지를 받고도
시원찮은 몸이지만 아침이면 떠난다.
누군가가 나를 부르고 있는 것 같아서… 환청일까.
여행 기간은 길지는 않지만 앉아서 견디기 힘들 만큼
등과 팔이 아플 걸 예상.
또 하나는 오른팔을 사용하지 못함에 따르는
불편함과 고통. 다 짊어지고 떠난다.

일의 매력

2013. 6. 11.

일하는 사람들의 모습을 보는 것을 좋아한다.
어시장에서 비닐앞치마를 입고 생선을 다루는
젊은 남자의 푸른 모습.
일하는 남자의 모습은 매력적이다.
실험실에서 밤을 새우는 사람,
연구 논문을 쓴다거나 깊이 공부하는 사람, 등등.
그렇게 일에 매달려 있는 사람을 보는 것은 기쁨이다.
일 때문에 늦는 사람을 기다릴 수 있음도
일이 주는 매력 때문이다.
원래 기다림에 대한 참을성은 없는 편인데도….

여행의 안내

2013. 6. 15.

안내한 여행지에서 상대방이 진정으로 환호하며
행복해할 때, 안내한 이의 행복은 어떨까.
그것을 글로 표현하여 남긴다면 보람은 곱절이 되겠지.
나 죽기 전, 그런 여행하고 싶다.
나를 안내할 이를 기다리며 멀쩡한 토요일인데
몽상에 빠진다.

행복

2013. 6. 16.

행복은 행복하리라는 믿음에서 온다는 것.
새로운 발견이었다.

그러한 믿음이 진정한 내 믿음으로
자리하기를 바라며 하루를 접는다.

MRI 찍은 날

2013. 6. 17.

우울한 하루였다.
MRI를 찍을 때마다 뇌세포가 어느 정도냐고 물어본다.
의사의 대답은 "나이에 비해 좋다."라고 한다.
그 말이 얼마나 속상하게 하는지 모른다.
나이에 비해서라니.
유난스레 기억력에 관한 한 신경이 쓰이는 것은
머릿속에서 싱글거리는 놈 때문이다.
싱글거리는 종양이 언제까지 나를 봐줄 것인지.

눈맞춤

2013. 6. 20.

'당신이 좋다'라는 말은 '당신의 색깔이 좋다'라는 말이라고
어느 시인은 쓰고 있네.
그러나 이미 계산되어 있는 것이 아니라
그저 일순의 눈맞춤이리니.

커피 한 잔

2013. 6. 21.

우리 동네 얕은 산
'몽마르트공원'을 넘어 프랑스인 마을.
코스타리카 커피를 마신다. 9,000원.
한 끼 밥값이라 저녁은 굶기로 한다.
나 죽으면 나를 어떤 의미로 기억할까.

물 흐르듯

2013. 6. 22.

사람들은 흐르는 물에 떠내려가듯
세월 속으로 잠수하건만,
나는 잊히지 않은 게 너무 많은 것 같아.
투병의 합병증일까, 밤마다 가슴앓이를 하네.
잊히지 않는 설움 때문에.
버릴 수 없는 추억 때문에.

산다는 것

2013. 6. 23.

차이코프스키의 현악 6중주 「피렌체의 추억」을 듣는다.
잠을 청한다. 잠이 찾아오지 않을 것 같아 일어난다.

작년엔 정말 오랜만에 잘 지냈다.
올해 들어서며 심하게 앓는다. 약도 없고 방편도 없는데…

사람을 아프게 하기도, 자라게 하기도, 포기하게도,
아님 살아 있게도 하는 건 사랑이다.

산다는 건 여행이다.
추억 쌓기다.
그리고 버리기다.
깡그리 버리고 갈 때 잘 살았다고 할 것 같다.
밤은 흐르는데….

오래된 옷

2013. 6. 24.

1985년 2월이라는 날짜가 아직도 옷 속에 붙어 있는
원피스를 입었다. 좋이 28년이네.
프랑스 까사렐의 디자인과 기술 제공으로 제일모직에서
만들었다고 되어 있으니 28년 동안 우리나라 의류업계도 얼마나 큰
발전을 해왔는지 알 것 같구나. 사이즈 54. 상표 Cacharel.
무척 아낀다. 낡으면 기워 입을까?
까사렐 옷이 다섯 있는데 모두 애착이 가는 것들이다.
사이즈는 모두 54.
옷의 날줄 씨줄 하나에도 추억이 잠들어 있는 것 같네.

투쟁

2013. 6. 25.

팔에도, 목에도 힘이 가지 않게,
모니터는 눈높이와 같게.
목도, 팔도, 머리도 시원찮은 나를 위한
컴퓨터 책상의 정리. 그러다 역부족이라 그만 둔다.
글을 써야 하는데…
이건 필사다.
삶이다. 투쟁이다.

영웅

2013. 6. 26.

밤에 듣는 베토벤 「영웅교향곡」
결코 나폴레옹에게만 바쳐진 것 같지는 않네.
가장 절망의 상태에서 작곡된 곡.
살아 있는 모두가 영웅이었으리라.

허망함

2013. 6. 27.

어쩌다 S대 어느 동기생 카페에 들어가게 되었네.
세상을 등진 동기 이름에 '잘 살고 있을까' 하고
가끔 생각나는 사람의 이름이 있네.
그 사람이 물론 몇 회 졸업생인지는 모르고.
그 사람의 나이도 이젠 아슴푸레하기만 한데…
추억의 한 자락이네. 단지 나보다 영시를 더 많이 외던 사람.
야윈 손가락이 예뻤던 사람. 비가 오는 날이면 대롱대롱 우산 속에
병약한 나를 위해 약을 매달고 내가 근무하던 학교 앞에서
기다리고 서 있던 사람. 내가 만났던 때가 그 사람이
스물아홉(?)이었던 가을. 내가 스물넷쯤이었던가?
허망의 바다에서 잠깐 쉬어 가는 순간이네.

아침에

2013. 6. 28.

날이 밝았네.
살아있음이네.
글을 쓰는 제자가 그동안 무척 아팠다고,
그런 아픔의 외로움을 선생님은 어떻게
견뎠느냐고 한밤중에 메일을 보내왔네.
온몸은 만신창이처럼 아픈데 그래도 꿈꾼다고.
그렇게 세월은 가고
또 날이 밝아오고 어제가 아닌 오늘이 온다고.

밤에는

2013. 6. 29.

한 사람이 마음에 들어왔다면 떠나든 머물든 불멸이니
잊으려고 하지 말라고 하네.

왜 나는 이 나이에도 어둔 눈으로 점자를 더듬듯 밤 내내
메일을 주고받을 수 있는 사람을 그리워하는지
그것조차 알 길이 없다.
오카리나의 슬픈 소리 같은 댓잎 노래를 들을 수 있는
어느 산길을 걷는 꿈까지도.
양지 바른 곳에 앉아 재미있는 얘기를 들려줄 수 있는
사람을 만난다면 참 좋겠다는 생각을 해본다.
그러질 못해 괜히 누군가에게 실컷 투정하고 싶은 밤이다.

작은 계곡

2013. 7. 1.

안개가 내려앉는 날이거나 비가 나뭇가지에 축축 매달렸다가는
떨어지는 날, 아님, 눈이 쌓인 남산은 정말 환상적이다.
몽환이다. 인적이 없는 적요다. 갈망이다.
오늘도 그랬다. 멀리서 누군가 낯익은 얼굴이 우산을 들고
걸어올 것만 같은 곳도 역시 남산이다.
까맣게 버찌가 깔린 길을 걸으며 동화 같은 소설을 생각했다.
버찌를 갖고 금붕어를 사러 간 어린아이의 고운 마음을.
조그마한 계곡에서 물소리가 가슴을 서늘하게 했다.

내 살아있음에

2013. 7. 2.

내 살아 있음이 당신의 삶에 한 점 의미를 보탬해 줄 수 있었나요?
내 살아있음이 당신에게 행복을 줄 수 있습니까?

이런 질문, 던져보고 싶은, 그러나 차마 입 열지 못하는.

산다는 것이 버겁고 부대끼는 밤에.

밤이라는 것

2013. 7. 10.

내가 까만 밤 속에서 얼마나 많이 싸우는지 어떻게 짐작할까.
결단 없음에 대하여, 죽음의 두려움에서 벗어나기 위하여… 등등.
그리고 그리움에 대하여. 밤은 낭자한 그리움이다. 그리고 인내이다.

나들이 준비

2013. 7. 11.

비가 그치고 질긴 햇살이 내려오면 그때부턴 매미의 피울음이 시작되리라. 내 울음조차 묻어버리는.
지금 2005년에 썼던 메일을 보고 있다. 수술을 앞두고 세상과의 하직을 생각하며 눈이 짓무르도록 울음을 흘리고 다닌 것밖에 없네.
그때 보낸 메일에는 이렇게 끝을 맺고 있네.
'남은 날들을 동여매고 싶어하는 어리석음이 서럽기만 합니다.'
그때 수술을 했으면 어땠을까.
바리움을 복용하면 부작용이 무척 많음을 알면서도(물론 의사도 그것이 최선이니 처방을 하지만) 복용할 때의 기막힘.
오늘의 나들이에 눈물과 함께 바리움을 챙긴다.

씨앗

2013. 7. 12.

비가 내려도 남산엘 간다. 곳곳에서 물소리를 내고 있기 때문이다.
마련된 길이든 길이 아니든 관계없이 스며들지 못한 물들이
소리를 쏟아내고 있다.
씨앗을 장만한 접시꽃을 보며 씨앗을 몇 알 가져오나 마나
생각하기도 하면서.
집을 꽃밭으로 만들고 싶다. 꽃집 앞을 쉬이 지나가지 못한다.
그 야들야들한 웃음에 함께 웃는다.
귀찮지도 않느냐고. 이웃이 웃는다.

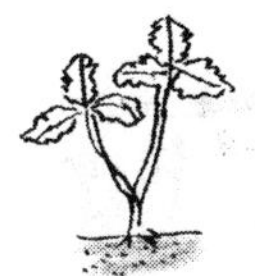

휴양림에서

2013. 7. 13.

휴양림은 불이 꺼진다.
보내준 독서등이 빛을 발하고.
바람이 긴 옷을 입게 한다.
노래를 듣는다.
바람에 몸을 맡긴다. 입술을 준다.
입술 위에 바람이 앉았다 간다.

장례미사에 가면서

2013. 7. 15.

목이 잠기네.
나로부터 방문 교리로 세례를 받은 스물여섯의 그녀는
세상을 하직했다. 암의 지독한 공습을 이겨내지 못했다.
그녀의 입관에도 가지 못했다.
잠깐 기도하고 부모님 뵙고.
아침, 장례미사에 가면서.
심하게 비 내리는 월요일 아침인데.

어리석은 답

2013. 7. 17.

우전차를 마신다.
글을 쓰는 제자의 메일,
손은 무디고 머리는 아둔해지는 것 같다고 좋은 비법을
가르쳐 달라는 말에 '천천히 호흡 고르기'라는 말밖에
해줄 수가 없었다.

꽃을 준비하며

2013. 7. 18.

메일은 해후.
해후를 위해 꽃을 준비한다.
팔이 아파 휴대전화로 담는다.
날아온 메일.
달을 가리키는 손보다 달을 보라고 하네.
달보다 손가락이 중요하다면, 아니 달을 가리키며
손가락을 봐 주기를 상대방이 원한다면 어쩔 수 없이 봐야지.
달일까? 손가락일까? 알 수 없네.

꽃도 완전히 벙글어진 꽃보다 입 다문 꽃이 마음에 드네.

종착역

2013. 7. 20.

산다는 것.
"염증이 너무 심하네요."
의사는 무심히 말했다.
팔의 염증보다 마음의 염증이 더 심한 건지 알 수 없지만
손가락 하나 움직이기가 이리 힘드네. 탈기한 사람.
심연이든 나락이든, 어디까지 가는 걸까.
어디로 가는지도 모르고 그 열차의 티켓을 멋모르고 샀다는
후회를 지금에사 한다.
그러나 그 열차의 종착역은 행복이라 이름하고 싶다.

두 곳의 메일

2013. 7. 22.

자정을 지난 시간에 메일을 받는다.
신기하게도 날아온 두 곳의 메일이 같은 내용이다.
미국과 한국이라는 지역적인 차이와 시차와도 관계없이.
"그런 적이 없었는데 꿈에 심하게 다투었는데 무슨 일이 있어요?"라고.
똑같은 대답으로 답신을 보냈다.
사랑하면 꿈에 그렇게 나타난다고.
많이 아프다는 말은 삭제했다.

인연

2013. 7. 24.

왜 마음을 앓을까.
헤집어 보여줄 수도 없는, 뜨거운 불로 자국을 낸,
사랑보다 더 지독한 인연 때문이다.

자동차 여행 준비

2013. 7. 27.

친구가 메시지로 지금 우리가 자동차로 누빌 스위스와 독일을 열공 중이라고 전해왔다.
운전 잘 하는 남자 둘은 구하지 못했으니 우리 둘만 떠나자고.
물론 찬성이라고 답신을 보냈다.
친구는 4월이 좋겠다고 했는데 나는 4월초거나 5월이 좋다고 할 예정이다. 남겨 두어야 할 날이 있기 때문이다.
아주아주 멀리서 올 손님을 기다리고 있기에.
물론 이 모두가 '건강'이라는 주님의 은사의 열매가 내게 내려질 때의 일이다. 기도이다.

다다익선

2013. 7. 28.

주님은 나에게서 근본적인 건강을 가져가시고 그 대신 많은 것을 주신다. 가끔은 주님 은총 신기해서 남에게 절대 말하지 말아야지 할 때도 많다. 행여 거둬 가실까봐. 지금 곁에 계신다.
그리고는 웃으며 내게 말씀하시네. '어젠 기분이 좋았느냐고,

두통도 잊을 만 했느냐'고.
내 대답, 그런 시간 '다다익선'이라고.
'주님, 다다익선이라는 말, 아세요?'

저녁 메뉴

2013. 7. 29.

나를 초식동물이라고 하는 소리를 듣고는 오늘 저녁의 메뉴를 훑었다. 물론 내 밥상에서의 일이다.
1) 두릅 장아찌(두릅을 선물로 많이 받아서 어쩔 수 없어 장아찌로 만들었다.)
대개의 사람들은 내가 환자임을 알고 환자에게 좋다는 걸 많이 선물한다.
2) 갓 따온 호박 볶음
3) 고춧잎 무침
4) 「도리원」에서 파는 미니 양파(양파의 크기는 지름 2~3cm), 콩잎.
5) 멸치 볶음(아, 생선이 들어 있네)
6) 김장 김치(워낙 여러 사람들이 담갔기에 포기마다 맛이 다르기도 하다)
7) 날 김과 된장찌개. 밥은 두 숟갈.
고기는 안 먹는 건지 경제상 못 먹는 건지 나 스스로도 알 수가 없네.
*저녁의 메뉴는 아침과는 사뭇 다르다.

옆구리에 차고

2013. 7. 30.

선명한 의식. 나는 이럴 때를 명징明澄이라는 말로 표현한다.
새벽녘, 또렷한 의식으로 맞이할 때처럼. 이럴 때의 기분이 좋다.
사위가 잠들어 있고 매미조차도 울음기관이 비에 젖어 울지 못하는
밤, 일부러 커피조차 피했는데 잠은 도망가 버리고
그 자리를 빗소리가 채운다.
글을 쓰다 잘 풀리지 않아 어제 날아온 KAL PAK의 「고흐의
열정과 함께하는 남프랑스 9일」이라는 여행 일정을 보고 있다.
이만한 돈이면 혼자 떠나는 게 낫겠다, 생각하며.
휴대전화, 코레일톡에 나머지를 채워 넣고, 괜히 예매를 했다가
취소도 해보고. 떠남을 일상처럼 옆구리에 차고.

버블티 마신 날

2013. 7. 31.

나뭇잎, 비를 업었다. 실실이 내리는 비에도 한껏 무거워져
비칠거리는 나뭇잎이 가등에 비쳐 눈에 들어온다.
벌써 하루를 건너왔다. 과거 속으로 묻혔다, 어제는.
사실 '과거'라고 하는 말은 어느 정도의 거리를 둔 후에
쓰이면 좋겠지만 지나고 나면 모두 과거다.
짧은 시간이 아쉬워 훑어 마신 공차貢茶 버블티까지. 하기야
한국에서 맛보기는 처음이었다. 대만, 영웅본색 촬영지라고
하는 곳에서 맛보았으니.
빗물을 마시듯 차를 마셨다.

기도하는 아침

2013. 8. 1.

예고 없는 단전, 단수의 절망감 같은 것,
내게 없기를 기도하는 아침.

매미 울음

2013. 8. 2.

구름이 피어오르는 게 완연히 보였다.
한 자락 비 내리면 구름이 피어나고.
남대문시장 길가, 남시약국에서 약을 사고(기껏 비타민 B) 돌아왔다.
개구리 울음 대신 매미의 피울음, 애잔함으로 그 소리가 가슴에
남는 것은 저 시끄러운 울음이 다음날 아침이면 시체가 되어
성당 가는 길에 까맣게 뒹군다는 사실. 허무함이여!

물음표와 느낌표

2013. 8. 3.

창조의 기쁨이 될까.
「?, !」 물음표와 느낌표. 「왜」라는 질문에
날아온 간절한 대답.
바보의 눈뜸보다 새로움의 창출이며 창작의 씨앗.

감성지수

2013. 8. 4.

내가 아파서 끙끙거리고 있었던 시간에
산책을 했다는 메일을 받고는
질투 나서 죽지도 못하겠다는 내 농 같은 답신에,
병마와 지겹게 싸우는 내게, 덕담처럼 질투 나서
죽지도 못한다면 오래 살아야 한다고
한마디 말해 주면 좋으련만, 산책하는 시간은
기도하는 시간이라고 정색하며 다시 메일이 오네.
설령 그 기도가 나를 위한 기도라 할지라도.
지능지수는 높으나 감성지수는 눈 아래임을!

노래, 영원히

2013. 8. 5.

마이클 잭슨의 따뜻한 노래, 정말 오랜만에 듣는
「Heal the world」
세상이 치유되기를 20여(?) 년 전에 노래하곤 했는데
요즘에 와서 'Healing'이라는 말이 그렇게 많이 쓰이네.
예나 이제나 마음의 치유, 숙제 같은 것.
어째, 비운의 보이스, 별 같은 디바, 휘트니 휴스턴이 생각 나
그의 비문에 새겨진, 그리고 영화 땜에 더 많이 알려진
「I will always love you」를 듣는다.
벌써 과거 속으로 들어간 마흔 여덟.
둘 다 묻힌 사람들. 노래는 가슴을 힐링하여 침묵하게 하네.

서른이라는 나이

2013. 8. 8.

「서른 즈음에」는 항상 가슴 설레게 한다.
김광석의 마지막 모습이 떠오른다.
매체들은 그 사진을 왜 공개했을까.

스물아홉과 서른이라는 나이를 왜 그리 좋아했던지.
스물아홉이라는 나이 땜에 사람을 좋아한 적도 있었다.
스물아홉이라는 나이의 사람을 밀쳐낸 적도 있었다.
서른이 젊음의 끝인 줄 알았다.
아니었다. 수밀도 같은 나이의 시작임을. 그 끝은
알 수 없지만.

말의 색깔

2013. 8. 20.

말마다 색깔이 있다. 아주 미묘한 차이지만.
'즐겁다'와 '기쁘다'

사전에는 같이 사용하고 있지만 난 아무래도 다르다.
더불어 보내는 시간은 그 둘로써 나타낼 수는 없다.
언어의 부족이다.

외로움 낚기

2013. 8. 22.

청계천을 걸었다. 많이 걷지는 못했다.
내 작품 「외로움 낚기」
내가 좋아하는 대목이기도 하다.

…쇠오리 한 마리가 물 위에서 걸음을 걷는다.
'외롭겠다!' 힐끗 쳐다보며 걸어가던 어떤 젊은이가 혼잣말을 던지고 간다.
그렇다. 그러나 그 쇠오리가 그런 게 아니라 내가 그렇다.
이 젊은이가 나를 보고 한 소리는 아니었을까…

늪에 빠진 여자

2013. 8. 27.

Savant Syndrome과 관련된 이야기를 즐겨
영화, 「레인맨」의 더스틴 호프만에 빠진 여자.
잘생긴 톰크루즈는 그냥 그림자 같기만 하더라고 생각하는 여자.
그래, 드라마 「굿 닥터」 시간엔 컴퓨터를 멈추는 여자.
아픔에 아픔을 더하며 「Let me fall」을 듣는 여자.
일요일이면 문안하듯 「Gloomy Sunday」와 마주하는 여자.
「기차는 여덟시에 떠나네」를 들으며 돌아올 사람을 기다리는
여자. 사계절을 추워하며 가을을 견디기 힘들어하는 여자.

나는 그 여자를 늪에 빠뜨렸다가는 건져 내곤 한다네.
하루에도 수십 번씩.

곱게 나이 들어가기

2013. 8. 28.

사라지는 기억력이며 빠르게, 명료하게 떠오르던
사고가 차츰 느슨해지며 가물가물해진다고 해서

걱정할 것은 없지.
다른 사람들과 비슷할 테니.
다른 사람과 비슷하다고 속상해 하지 말 것.
욕심만 부리지 않는다면 분별력과 이해력으로
대신할 수 있겠지.
남은 뇌의 공간만이라도 어떻게 활용할 것인가 생각하기.

그리고 가슴 설레고, 두근거리고, 기다림을 익히는 걸
반복함을 축복으로 받아들이기.

밤, 그리고 마로니에

2013. 8. 29.

밤은 가을의 길목에서 마로니에의 탐진 열매를 품는다.

새벽녘

2013. 8. 30.

여름이 저항하며 물러가고 있고 귀뚜라미의 틈새 공략에
매미가 주춤하며 울음을 그친 새벽녘에 그리움을 적는다.

3호선 전동차

2013. 9. 2.

카라카라 오렌지가 생각나는 3호선 전동차.
색깔을 품은 사람들조차 고와 보인다.

브런치

2013. 9. 3.

늦은 아침, 느긋하게 햇살 고운 창가에 앉아
브런치를 먹고 싶다.
동네에 브런치 전문집이 생겼는데 괜찮았다.
하얀 분가루만 보아도 들어가고 싶은
창이 넓은 집.
입맛 다시게 하는 오렌지 마멀레이드.
눈부신 아침에 식탁을 같이할 사람을 기다리고 있다.

가을 나들이

2013. 9. 4.

바람이 휘파람 소리를 내었다. 낮은 음색으로.
멀리 떠나기엔 늦은 시간이기에 물이 있는 곳,
바람이 흐르는 곳, 햇살이 내려앉아 같이
어깨 비빌 곳으로 가까운 곳. '호수공원'
가을의 전초병들이 와글와글 떼 지어 내게 왔다.
눈부신 햇살이 몸을 감아쥐었다.

영혼의 부동액

2013. 9. 5.

생활의 방식조차도 깡그리,
아니 혁명적(?)으로 바꿔 버린
스티브 잡스. 그의 죽음 앞에.

영혼의 부동액, 눈물.

아, 나는 그 부동액의 저장고가 크다는 것에,
구원의 여지가 많다는 것에 감사할 뿐.
가진 것 없고, 작고, 여리고, 아프지만.

그 부동액으로 주님의 얼굴을 닦아 주는
고운 나뭇잎이기를 소망하며.

휴식

2013. 9. 11.

쏟아지는 비가 발목을 붙든 것이 아니라
맥없이 드러누워 버리는 피곤이 모두를 무산하게 한다.
밤은 그렇게 지나갔다. 먹을 수 있을 때 많이 먹고
볼 수 있을 때 가슴에 품으면서 보아야지.

행복은 추구의 대상이 될 수 없다고 하네.
그럴 경우는 들판의 새처럼 날아가 버린다고.
오늘이 바로 행복일 수 있다고.

어쩌면 종일을, 아파하면서도 말할 줄 모르는
내 장기 중의 하나인 간을 위해 누워 지내야겠다.

안개

2013. 9. 12.

안개 속을 버스는 조심스레 달렸다.
조금 늦게. 항상 긴 이별, 짧은 만남이다.
「안개 낀 밤의 데이트」가 흐른다.
음악이 안개에 젖는다. 이별을 깔며.

박노수 미술관

2013. 9. 15.

박무를 깔며 쉬엄쉬엄 오는 가을이 남산 길을 덮고 있었다.
그냥 돌아오기 아까워 경복궁역에 내려 인왕산 아래 화덕피자
집으로 가는 길에 항상 궁금했던 박노수 화가의 집에 들렀다.
문화재로 늘 문이 잠겨 있었는데
'종로구립 박노수 미술관'이 되어 3일 전에 개관했다고.
개관전「달과 소년 전」. 화덕피자 집에서 라자니아와
옆집 커피집에서 예가체프 한 잔 take out해서 저녁 식사.
올려다 보이는 인왕산이 식탁에 앉아 맛을 돋우고
달과 소년이 밖으로 나와 함께한다.

색온도

2013. 9. 16.

사진은 빛의 예술이다.
태양광 5200K
그늘 7000K
흐림, 노을 6000K
낮으면 적색, 높으면 청색.
촛불을 밝히면 우듬지에 피어나는 파아란 불빛.
날아온 '색온도'라는 제목의 메일.
순간, 팔이 아픈 것도 잊고
카메라 들고 뛰어나가고 싶었다.
6000K의 노을을 위해.

라디오 프랑스 필하모닉

2013. 9. 25.

정명훈, 그의 손끝에서 피어나는 라디오 프랑스 필하모닉의 하모니.
141명 단원의 악기들이 속삭이며 펴내는 소리들.
종일 머릿속에 색채, 소리, 곡선과 리듬.
이런 단어들로 꽉 차 있었는데,
'저건 음악이 아니라 찬란한 색의 율동!' 타고 넘어온 소리였다.
금관악기들의 유리알 같은 소리들.
파리지앵! 그들의 멋이 흐르고 있었다. 프랑스다웠다.
옷 두어 벌 못 입으면 어때. 영 없으면 해바라기하듯 누워 있는
노천시장의 몇 천 원짜리 옷이라도 입으면 되리니.

고갯길

2013. 9. 30.

사는 건 고갯길이다.
오름의 숨 가쁨과 열망 같은 것.
오르고 나면 가끔은 이룬 것에 대한 뿌듯함과
회한 같은 것.

최인호 작가

2013. 10. 1.

최인호 작가를 생각한다.
작가로 죽고 싶다고.
환자로 죽고 싶지 않다고.
서초성당에서 늘 만나곤 하던 사람.
얄밉도록 재기발랄하던 사람.
하늘나라 그리러 간 거겠지.
대자代子인 안성기 사도요한의 고별사를 그는 듣고 있었을까.
「깊고 푸른 밤」, 같이 보았던 사람조차 가물가물.
투병 중에 쓴 「낯익은 타인들의 도시」
힘든 투병 중에 썼다는 사실이 놀랍고.
나는 무엇을 남기고 갈까.

커피 잔 하나

2013. 10. 2.

내게 전달된 커피 잔 하나.
보낸 사람의 깊고 푸른 눈이 아픈 나를 응원하고 있다.

고마운 사람

2013. 10. 3.

늘 웃게 하는 사람.
늘 마음 졸이게 하는 사람.
꿈길에서 만나기를 기다리는 사람.
정갈한 찻잔 속에 얼굴 내미는 사람.
참 고마운 사람.
그런 사람 기다리는 철없는 사람.

스물둘

2013. 10. 11.

해마다 나이를 먹었더니 딱 멋진
스물둘이 남았네.
아직도 이리저리 잴 줄 모르는 나를
누군가에게 보내고 싶은 밤이네.

커피 선물

2013. 10. 12.

눈 감고 싶지 않다.
강가의 커피 박물관 '왈츠 앤 닥터만'에서 온
자메이카 블루마운틴의 순하면서도 깊은 향내가
포장을 여는 순간 황홀한 미학으로 내 곁에 왔다.
행복이었다. 아, 내가 좋아하는 걸 역시
알고 있었구나. 행복하다고 길게 소리치고 싶은 날.

괜찮은 사람

2013. 10. 31.

Secret Garden의 「Serenade to Spring」이
「10월의 어느 멋진 날에」로 번안되어 가장 많이 날아오는 날이다.

베르레느의 「가을의 노래」, '가을날 비올롱의 긴 흐느낌…' 같은
자락을 끌면서.

'괜찮은 사람'의 조건. 사람마다 그 눈이 다르지만,
나는 첫째 '정직'을 꼽는다. 어쩌면 그것은 신뢰인지도 모른다.
두 번째는 낮춤이다. 물론 어렵고 나 역시 힘들다.
돈이 없어도 부자로 산다.
이것도 내가 꼽는 괜찮은 사람의 조건이다.
다음, 많이 알고, 많이 느끼고, 끊임없이 공부한다.
사람과의 관계는 어우러짐보다는 바라보는 것으로 족하다.
그리고 이웃에게 손 내밀어 잡아주는,
따뜻이 보듬는 그런 사람이다.

미장원에서

2013. 11. 1.

몇 달 만의 행사, 파마를 하기 위해 헤어 스튜디오에 들렀다.
"참, 오랜만이네. 어디 갔다 왔어?"
"절 알아 보군요. 대부분 저를 알아보지 못하는데"

그것만으로도 보조하는 스텝이라는 아가씬 반가워하고
기뻐했다.
방황하다 돌아온 아가씬 많이 달라져 있었다.
성장통이었다.
그렇다. 사람은 자기를 인정하듯 알아주는 것만으로도
그렇게 기분이 좋을 수 있다는 사실을 새삼 느끼는 순간이었다.
내 한마디가 그녀의 성장에 작은 밑거름이 되기를.

성서 공부 후에 바치는 기도

2013. 11. 4.

통신성서 6년의 과정. 마지막 문제집의 마지막 문제.
문제라기보다 6년의 과정을 끝낸 후의 기도를 쓰라고 한다.
세 가지를 주제로 삼았다.
주님의 말씀을 헤아리는 청력을 주시기를,
질곡의 날들과, 하루에도 느닷없이 벌이는 병마들의
춤사위에도 내 영혼의 눈금은 내려가지 않기를,
나를 필요로 하는 사람에게 사랑을 줄 수 있기를
바라는 기도를 했다.
컴퓨터 위에 자박자박 가을비가 내리는 밤이었다.

세월의 흐름

2013. 11. 5.

바람이 지나가듯, 구름이 흘러가듯
바쁘게 지나다보면 세월이 저만큼 가서는
뭘 했느냐 묻네.

군식구들의 판치기

2013. 11. 8.

내 몸 속의 군식구들도 휴일을 기다리고 있나 보다.
엊저녁부터 MRI 통 속에 들어간 것처럼 윙윙거리며
그들만의 색깔을 지닌 두통이 첫겨울처럼 오고 있다.
주인이 긴장을 풀기를 기다리나 보다. 그들만의 세상을 꿈꾸며.
놀고 있어도 주말을 챙기는 주인을 용케 알고 있는 그들이다.

겨울 아침에

2013. 11. 10.

무서워하면서도 놓지 못하는 계절이 겨울이다.
비수 같은 날이 좋다. 주님이 주신 휴일이네.
창조를 마친 후의 휴식. 아무것도 한 일이 없어도
주님 덕분에 쉬고 싶네.
바람의 무게와 깊이가 어제와는 전혀 다르네.
생각만으로도 즐거워질 수 있다고 믿고 싶은 그런 아침.

주일을 열며

2013. 11. 11.

월요일 아침이다.
세상이 넓고 높고, 좁고 낮아서 비교가 되는 것 같지만
사람살이가 고만고만하다는 말.
따지고 보면 더 잘 날 것도 더 못할 것도 없는 세상이니
편한 마음으로 한 주일을 연다.

새벽이 오기를

2013. 11. 13.

와글거리는 그리움 같은 것. 얼굴 파묻고 울고 싶은 것.
조병화 시인의 시를 찾아 읽으며 새벽이 오기를 기다리기로 했다.

하루만의 위안
잊어버려야만 한다.
진정 잊어버려야만 한다.
오고 가는 먼 길가에서 인사 없이 헤어진
지금은 누구던가 그 사람으로 잊어버려야만 한다.
……
그날이 있어 나는 살고
그날을 위하여 바쳐 온 마지막 내 소리를 생각한다.
그날이 오면 잊어버려야만 한다.
오고 가는 먼 길가에서
인사 없이 헤어진 시방은 누구던가
그 사람으로 잊어버려야만 한다.

주님의 도구

2013. 11. 19.

한 달에 한 번 가는 장애우의 집.
'작은 프란치스코의 집'
문신이는 오늘도 졸졸 따라다니며 이것저것을 물었다.
갈 때마다 턱받침의 앞치마를 입은 식구가 늘어나고 있었다.
먹을 때마다 흘리고 쏟으니. 눈물이 핑 돌았다.
주님께 감사. 당신의 도구로 써 주심에.
앞으로 걸어갈 길도 지도로 그려주시면 좋으련만
내 자유에 맡긴다고 대답 없으시네.

내려놓기

2013. 12. 3.

신부님과 함께한 시간은 따뜻했다.
산야초와 버섯으로 만든 식사.
옆에 앉은 신부님은 간에 좋다고 기어이
운지버섯이라는 버섯 종류를 또 하나 시켜
네 명의 우리 테이블에서 먹게 하셨다.
그릇을 자꾸 내 곁으로 미시는 신부님.
강한 자에게 강하고 약한 자에게 한없이 약했던 신부님이시다.
강한 자에게 한없이 약하고, 약한 자에게 군림하는 이들이여
내려놓으시길.

내일은

2013. 12. 11.

연말이 주는 서두름과 어수선함.
그러면서도 침묵의 시간을 갖는 것은

한 일이 없는 것에 대한 작은 회한이다.
그렇게 나의 의지와 관계없이 도도히 흐르는
강물 같은 시간들. 정리의 시간.
해는 지지만 내일 또다시 뜨니까, 결코 오늘이 끝이 아니니까.
내일은 더 큰 태양이 다시 떠오를 테니.

예맨 모카 마타리

2013. 12. 17.

길상사에서 셔틀버스로 한성여대 지하철역까지 와서
휘이휘이 걸었다. 혜화동 로터리에서 조금 더 가면 되니까.
가는 도중 '커피 볶는 집'에 들러 고흐가 즐겨 마셨다는
예맨 모카 마타리를 마셨다.
케냐 더블 에이랑 비슷했는데 그것보다 더 고소했다.
이래저래 얘기 나누었더니 리필. 한 바가지 마신 것 같다.
공통된 화제가 있는 사람들의 마음이다.
뭐든 주고 싶어진다. 갈피갈피에 사연을 심으며.

시바, 인생을 던져

2013. 12. 18.

친구여, 이성규 독립 다큐 프로듀서를 알까?
얼마 전 간암으로 세상 하직 했지.
아마 19일이 개봉일이지 싶은데 「시바 인생을 던져」다.
"죽음의 과정이 내게 축제일 수 있게 도와주세요." 하던 이였다.
15년간을 인도를 방랑한 그의 자전적인 극영화라고 하네.
그가 죽기 전에 개봉하려고 내년을 올해로 당겼다는데
그는 개봉을 보지 못하고 하직하고 말았네.
내 아픔이 바로 그런 것인데.

병원 옮기기

2013. 12. 23.

세브란스에 17년을 버리고 왔다네.
진료기록을 보고 알았지, 그 골짜기에
17년이라는 내 세월이 묻어 있음을.
병원을 옮기는 것에도 슬픔과 아쉬움이 함께
하리라고는 생각지 못했는데 그냥 서러웠어.

로비에 흐르던 캐럴. 어느 교회일까. 외국인들로 구성된 성가대의 캐럴을 들으며 하염없이 앉았다 왔다네.
세브란스 병원은 내가 다녀본 어느 병원보다 친절하고 합당한 것 같았네. 진료기록을 복사한 걸 보고는 나를 담당한 선생님이 얼마나 꼼꼼한지를 알게 되었다네.
퇴직으로 나를 슬프게 하고 두렵게 했네.

송년 음악회

2013. 12. 25.

유키 구라모토와 리처드 용재오닐의 송년음악회.
우연히 오게 된 한 장의 표.
기가 막힌 그들의 연주에 따라가지 못한 디토 오케스트라였다.
젊은이들로 구성된 오케스트라인데 모두 쟁쟁한 단원들이라고는 하나 현의 울림 하나까지도 폐부에 와 닿는 깊이를 느끼는 내겐 조금 미흡했다.
서로를 돕지 못했다.
귀의 예민함이 웬만한 걸 허락하지 않는 것 같았다.
그러나 용재 오닐의 현을 다루는 솜씨는 사랑을 나누는 것 같았다.
유키 구라모토의 대중적이면서도 고운 피아노도 좋았고.

기도

2013. 12. 27.

나에게 박수 치기로 했네.
지난번에 다 마친 시청각 통신성서의 마지막
6권이 채점되어 돌아왔네.
마지막 문제가 6년 과정을 마친 후의 기도였네.
글로 하는 기도도 아니요, 전하는 말도 아니니.
하루도 빠지지 않고 영성체할 때마다 기도를 한다.
'…비명을 지르도록 무거운 짐을 졌을 때
동행해준 당신.
가벼워진 짐, 가벼워진 어깨
당신의 희생과 사랑이었음을 잊지 않게 하시어
나도 누군가에게 따뜻한 등이 되게 하소서.
새날엔 마음밭 비워
당신의 말씀으로 가득 채우고
텃밭 가꾸듯 작은 빛 심어
기쁨으로 살게 하소서.'

귀고리와 반지

2013. 12. 29.

귀고리와 반지를 받다. 그러나 더 큰 선물은 설령
그것이 내게 맞지 않더라도 그대로
보관할 것이라고 믿어주는 것.
요행히 반지가 약간 큰 듯하지만 헐거울 정도는 아니었다.

귀고리로 얼굴은 생기가 나고 손가락은 반백년이 젊어진 것 같다.
영화「티파니에서 아침을」생각한다.
창가에 앉아 오드리햅번이 부르던「Moon River」
나는 지금 나의 멋진 연인과 함께 티파니에서
귀고리와 반지를 사서 나오는 꿈을 꾼다.
다를 바 없으니.

한 해를 보내며

2013. 12. 31.

오늘밖에 없다고 서두르며 살면서도 왜 행복은
뒤로 미루는지 도무지 알 길이 없네.
한 해가 간다.
어찌 내가 맞이하고 보낼쏘냐.
한 처음에 계셨던 말씀이 그렇게 하심을.
감사에 감사를 거듭해도 모자람을.
아, 사랑합니다. 고맙습니다.
입 밖에 내지 못하고 숨 거두는 일 없어야지.
한 해를 마무리하고 보내주시는 분
감사합니다!

12월에 띄우는 편지

– 소설을 쓰는 제자에게

I

책을 덮었다.
눈을 감았다.
전류에 감전된 듯 전율이 온몸을 감싸더구나.
내 입에서 맴돈 말, '애썼다.'
네 영혼이 살아 숨 쉬는 작품집 「살아만 있어 줘」
내 블로그에 손님으로, 작은 자리 한 자락을 주었다.

36년간을 병마와 지금도 치열하게 싸우고 있기에
네가 쓴 소설이 더 가슴을 후벼 팠을까.

2

그 산골 어디에 모락모락 연기 피어나는 집이 있을까.
작품집을 낸 후는 몸을 풀어 버린 산모처럼 조금은 아쉽고 어쩌면 가벼운 마음이 되었을까. 잘 자라고 못 자라는 것은 신의 뜻이리니.
이 저녁, 용재 오닐의 비올라 소리가 가슴을 적셔 보내 본다.
쇼스타코비치의 왈츠다.
경쾌한 것 같으나 음험하고 푸른빛이 나는 선율이 가슴에 안기리라. 작품이 손을 떠나면… 마음 비우기. 편히 쉬기를.

3

눈이 나리네. 내리네. 내려오네.
이 말을 쓰는데 왜 눈물이 날까.
백석은 왜 생각이 날까.

내가 보낼 노래에 대한 부연이기도 하네.
클래식을 듣는 것을 가장 좋아하지만 요즘은 잡식성이 되었다네.
클래식은 길이가 비교적 길기에 생략하고
즐겨 들었을 팝과 가요를 보내네.
하나, 김광석의 「서른 즈음에」(서른이라는…)
둘, 여진의 「그리움만 쌓이네」(이 노래를 부른 가수가 동료 교사였다네.)
셋, 다음은 휘트니 휴스턴의 「I look to you」
그녀의 불우함에 가슴 아파서.
넷, 이글스의 「호텔 캘리포니아」(이 남자들, 참 좋아서. 그리고 어쿠스틱 기타 소리 좋지 않을까)(실황이네)
우선 4곡을 보내 보네.(다음번엔 남미 음악이나 집시 노래를 보낼까 하네.)
서울은 흐벅지게 눈이 내리네. 네 글 속에 들어가고 싶은 날.

4

서울도 장관이었네. 남산에서 혼자 놀다 오기도 하는데
오늘도 그런 날, 눈 내린 남산. 눈에 말갛게 멱 감은 남산.
땀을 잘 흘리지 않는 편이라 산길을 걸어
땀을 흘리면 그것만큼 기분 좋은 일이 없는 것 같아.
그러나 맥없이 땀을 흘리는 경우는 있으니 바로 부끄러울 때라네.
펌프질하듯 땀을 흘린다네. 지금이네.
블로그에서 글을 보았다니 그저 낙서인데 부끄럽고…
생활인도 못 되고 현실적인 욕심도 부릴 줄 모른다네.
한 달에 한 번 중증 장애우들의 집에 가서 그들과 함께 밥 먹고
청소하고 침 흘리는 그들과 볼 비비며 놀다 오는 것,
행복한 순간은 바로 그때라네.
아무것도 없다네. 그래, 많이 부끄럽네.
그리고 고맙고. 부끄러워 책을 주지 못했는데…
아픔의 역사라네. 수필집은. 책이 나왔을 때, 시를 쓰지 않은 걸
많이 후회했으며 지금도 낙서는 시라네. 부끄러움의 변이라네.

5

멋진 고비 사막의 사진을 자네 블로그에 들어가서 본 적이 있어.
얼마나 멋졌던지.
나는 나이 값을 못한다네. 어린애 같다네.
여행을 간다고, 계절이 다 이울기 전에 돌아온다는 제자의 말에
어떤 글의 보따리를 싸 가져 오나 기다리기도 했다네.
그리고는 잊기로 했다네. 새로운 작품으로 만나리라는 생각으로.

좋은 글은 쓰지 못하면서 어쩔 수 없는 글쟁이라고 생각하기에
좋은 글과의 만남은 연인을 만나는 것 같다네.
잊힐 만한데 자넨 '살아만 있어 줘'로 보따리를 풀더군.
사실 「가시고기」에서는 잘 느끼지 못했는데 섬세한 감정이며
적확한 언어들이 '그래, 이거야'라고 가슴을 치기에 수월하게 글을
쓰는지도 모르겠네.
그만큼 공감한다고 하면 실례가 되려나?
많은 독자들이 그 값을 알아준다면 좋으련만.

6

눈이 날린다. 이런 '싸아'한 날은 강아지처럼 바깥으로 나간다네.
점검하듯, 시찰하듯 내 영역 같은 곳으로 한 바퀴 휘돌아오고.
상야리의 꼬끼오는 어떨까. 글 쓰는 자네 창밖에서 '꼬끼오' 하며
힘내라고 할까?
눈 속에서 자유를 누리고 있을까?

나도 지금 차를 마시고 있다네.
공주 영평사 구절초 축제에 갔을 때
사 온 구절초 차라네.
커피를 하루 석 잔에서 금을 그으려 하네.
눈이 날리네. 풀풀.

7

「기차는 여덟 시에 떠나네」 늘 듣는 Haris Alexiu의 목소리도
좋지만 아그네스 발차의 목소리도 좋아한다. 애절하네.
그리스 음악과 어우러지는 악기 부주키의 연주도 듣고 싶네.

보내준 노래, 참 좋다. 모르는 노래인데 가슴에 안기니 더 좋네.
포르투갈을 여행할 때였다. 파두의 CD를 사러 다니며 마음에 들지
않아 아예 여러 장을 사 온 적이 있다.
그들의 노래는 한과 함께 기다림이었다네.
내가 왜 집시 음악을 좋아하는지, 고등학교 때부터 빠져 있던
클래식을 가끔씩 젖히고까지.
침잠 속에서 빠져 나와 음울하고 가슴 후벼 파는,
울대를 타고 올라온 설움 같은 것.
이젠 그 이유조차 따지고 싶지 않단다.

어둠이다. 어둠이 왔다.
마무리하지 못한 글들이 몇 편이나 있는데 끙끙거리며 밤을 밝힌 지 여러 날이다. 아픔이다.

믿기로 하자.
선한 글이 누군가의 가슴을 따뜻하게 녹이고
'사회'라는 괴물(?)의 엉덩이를 데워줄 지도, 변형시킬 수 있을 지도. 그리고 조급해 하지 말자.
우리들의 머리도 신선한 바람을 원할 때도 있으니(그것도 너무 오랜 기간이면 안 되겠지)화분에 물을 주듯, 물을 뿌려 주자.
사람마다 다를 테지만.
비감의 음악을 듣고 침잠해 보렴.
그리고 그리움을 그리워하게.
나는 초등학교 6학년 때 밤마다 볼가강을 보는 꿈을 꾸면서 지냈다네. 그 시원을 알 수 없는 강줄기를 밤마다 그리워하며.
그러다 어른이 되었다네.

9

바람이 분다.
마음을 밝힌 사람들이 앉아 있는 산사에 네가 보내준
켈상 처키의 노래가 흐른다면 그보다 더 좋은 산사음악회가 어디
있으랴. 그리움이다. 단지 그리움이 아니라, 이룰 수 있을 것 같은,
만날 수 있을 것 같은, 작은 확신 같은 것을 가진 그리움이다.
힐링이며 자장가이다.
모닥불로 붉어진 얼굴에 눈물이 비칠거린들 어떠랴.
노래는 몇 번을 돌아가고 있다.
왜 어머니가 생각날까. 마음을 토닥이는 자장가 같은 노래
때문일까. 어머니가 살아 계실 때 나는 매양 부끄러웠다.
가난하고 눈치 없고…
부끄러움에 땀 흘리게 된 것이 부모님 탓인 양 생각될 때도
있었다네. 기억은, 추억은 비수다.
그런데 이 노래 속에서 어머니와 버리고 온 고향을 본다.
좋은 글 쓰리라 믿으며 안녕.

10

밤마다 악몽에 시달렸다.
내게 주어진 시간은 그리 많지 않을 텐데…
읽고 쓰고 듣고 낙서하고…
한 잎 바람에 맡기며 살기로 한다.

제자가 아닌, 내 애독자가 되어준 작가에게
고맙다는 말을 하고 싶네.

> …선생님, 그거 아세요?
> 제가 선생님을 상당히 무서워했습니다. 눈도 제대로 마주치지 못할 만큼. 제 기억 속의 선생님은 엄하고, 강하고, 빈틈없는 분이셨습니다.
> 메일과 블로그를 통해 느낀 모습은 기억의 정반대입니다.
> 호기심 천국…
> 마음속 모닥불을 지펴놓은 듯 따뜻한 글이었습니다…

착잡하고 부끄럽구나.

내가 만들어 두었던 그 가면의 몸짓.

기어이 무장해제한 날부터 나는 앓아누웠단다.

너와의 만남은 동행을 만난 환희 같은 것이네.

집필실이 따뜻하기를.

12

"엄격함이거나 완벽이거나 겸양이거나 낯가림이거나…
확실히, 심하셨습니다.
선생님의 글은 귀한 따뜻함이 담겨 있습니다.
몰상식을 기발함으로 여겨주는 작금의 글세상에서는
더더욱 소중합니다."
애독자가 되어준 자네의 글은 내 글보다 훨씬 따뜻하고
가슴에 안기네.
수더분한 말과 행동과 모습이 아우러져 표출된 것이라 믿네.
상야리의 겨울이 글쓰기에 포근할 것만 같은데
커피를 볶아 마시며 글을 이어가고 있을까?
아님, 몽골의 밤을 유영하고 있을까.
작품 속의 몽골 아가씨와 사랑을 하게.
그래야 진정성이 있는 글이 되리라.

13

병원에서 정기적인 검사를 마치고
내려오니 로비에서 음악소리가 들려왔다네.
'그린체리티 합창단' 공연이라고 씌어 있더군.
링거를 매단 환자도 의자에 앉아 맑은 얼굴로 듣고 있었어.
그 옆자리에 나도 앉아 눈웃음으로 인사 나누고…
눈물이 핑 돌더군.
부르는 사람도 듣는 사람도 아름다운 꽃이었다네.
목이 메는 듯해 살그머니 빠져 나올 수밖에.

초여드레의 낮달이 한참을 따라오더군.
늦은 점심, 치즈케이크 한 조각, 드립커피 한 잔.
난 상야리의 낮달에서부터 저물녘까지를 잊을 수 없네.
풍경화였네.

14

어른이 되어도, 쉰 고개를 넘어도
순백이더라고 얘기하고 싶네.
수더분한 모습 그대로.
내가 단박 알아볼 수 있었던 것도 기분 좋고.
자네 어깨에 고비의 별이 쏟아져, 그 빛이 묻어 있다고 생각하니
많이 부러웠네.

> …달은 넘어가고 별만 서로 반짝인다
> 저 별은 뉘 별이며 내 별 또한 어느 게오
> 잠자코 호올로 서서 별을 헤어 보노라

편히 데려다준 차 속에서 나는 가람 이병기의 「별」을
읊조리고 있었다네.
도회인 서울, 눈 내린 동짓날, 그 서울의 풍정이 그리움을 감싸
안는 힘이 되기를 바라며.

15

바보스러울 만큼 내 것 챙기지 못하지만 주님이 뒷수습하듯 따라다니며 챙겨 주시기에 살아 있다고 철통 같이 믿는 사람이라네.
그것이 나를 지독한 병마들과 싸우면서도 고운 얼굴로 나이 들게 하는지도 모르네.
그러나 나도 신이 아니니 좌절과 반목과 자신에 대한 지나친 질책이 어찌 없겠나. 괴롬으로 밤을 밝힐 때도 많다네.
그런 외롬이나 고뇌가 없다면 글이 생산될 수 없다고 생각하네.
밤새워 읽고 쓰고 커피를 숭늉 마시듯 마시고…
사람살이가 고만고만하지 않겠니?

16

그 문재文才라는 게 뭘까. 나도 스스로가 문재가 없다고 생각하는 사람이라네. 훈련으로 쌓아지는 것이라 믿네.
많이 읽고 쓰는 것. 많이 읽고, 쓰고 생각하라고 했지만 나는 거기에 하나를 더 보탠다네. 많이 경험하라. 그리고 느껴라.
경직된 사고를 깨는.

어릴 때 만화를 엄청 좋아했는데 어느 날 문득, 만화는 읽을 수 있는 글자가 너무 적어 더 많이 읽고 싶다는 생각이 소설을 읽게 했다네. 그게 내가 문학에 눈뜨게 된 계기였다네.
그리고 지나친 외롬이 울음이 되고 울음을 극복하는 방법이 시가 되더군.

결코 문재가 없는 것도 아니라네. 맛깔스럽고 가슴을 울린다네.
이건 독자로서 하는 소리.
안녕!!

17

매듭지은 글이 어색한 옷을 입은 듯 초라하게 보여 버리고 싶지만
그러나 차마 버리지 못하고.
만만한 커피만 축내는 밤, 9㎝×4㎝의 휴대전화로 보는 「완득이」
지금, 작품 쓰고 있지 않으면 보라고 권하겠지만.
가끔 눈물이 날 만큼 서러워질 때가 있다네. 오늘 밤 같이.
내일은 무궁화호에 나를 실릴 참이네. 기차가 그립네.

부끄럼 없이 옷 벗은 겨울나무들이 도열한 곳으로 가려네.
허연 머리의 겨울 산이 보고 싶네.

밤이 흐르네. 몽골을 옮기고 있는가.
몽골을 꿈꾸고 있는가.

18

추위를 무척 타면서도 알싸한 겨울날씨가 좋다.
가을 하늘보다 조금 내려온, 물기라고는 하나 없는
그 청명함이 좋고 볼을 때리는 그 기품이 좋다.
오들오들 떨면서도 찬 메밀국수 한 그릇 먹고 싶은.

잠들었을까. 집필 중일까.
그 산골을 어둠이 순라꾼이 되어 겨울밤을 지키겠구나.

19

밥을 먹지 않아도, 좋은 옷을 입지 않아도
카드로 소를 잡아먹듯 책을 사고 CD를 산다네.
부산에 사는 친구의 초대로 1월 2일 부산에 갔다 올 예정이라
친구에게 선물할 CD, DVD를 사고, 내가 듣고 싶은 것도 샀다네.
친구는 하루쯤 더 머물다 가기를 원하지만 1월 3일에 또 일정이
잡혀 있어 그날 늦게 올 예정이라네.
눈이 뿌리더구나. 클래식 음반을 파는 곳, '풍월당'에서 커피를
마시며 겨울이 주는 언어들을 하나씩 주워 삼켰다네.
언젠가 토해 내려고.
글을 쓰면서도 네가 가장임을 잊지 말게. 어깨가 무거워도
네 몫이니.(참, 이 말 무서운 말인 줄 알면서도)
샘물도 자꾸 퍼야 솟아나듯 글도 써야 새로운 방향이 모색됨을
잊지 않기를!

- 너를 아끼는 선생님이 -

20

겨울밤이라는 낱말은 언제 들어도 노변정담爐邊情談을
생각하게 하네. 마주앉은 정담.

메일을 열어 보느라 행여 집필의 맥이 끊어질까봐,
메일을 보내는 것에 신경이 쓰이거나 아니면
걱정될 때도 있다네.
가끔 그것이 활력을 불어넣을 수도 있지 않을까 하는
위안도 있지만.

우린 가끔 옛 사람들을 만나면 무척 실망하며 기억 속에
담아둘 걸 잘못했다는 생각을 할 때가 많지.
물론 헤어진 연인은 말할 것도 없지만.
다행히 네가 나를 만나고 나서 추하게 늙지 않았다고 생각하니
그보다 더한 행운은 없는 것 같네.
나야 물론 좋았지. 단지 집필 시간을 뺏는 게 아닐까 하는
우려 같은 것.
멋진 애독자를 만난.

일상을 로그인하다

문육자의 하루들

1판 1쇄 인쇄/ 2014년 4월 10일
1판 1쇄 발행/ 2014년 4월 15일

지은이 / 문 육 자
펴낸이 / 우 희 정
펴낸곳 / 도서출판 소소리

등록 / 제300-2007-21호
주소 110-521 서울 종로구 명륜동 1가 33-90
경주이씨 중앙회빌딩 302-1호
전화 / 765-5663, 766-5663(Fax)
e-mail: sosori39@hanmail.net
www.sosori.net

값 10,000 원

*잘못된 책은 바꿔드립니다.

ISBN 978-89-97294-61-9 03810